Serie LITERATURA · obras

© *Parque temático* · Luciano García Lorenzo

© Diseño de portada, colección y editorial:
Proyecto Ñaque, S.L.

Director de colecciones:
Fernando Bercebal Guerrero

© De esta edición:
 ÑAQUE Editora
Camino de los Bonetes, 24
28250 · Torrelodones
ESPAÑA

1ª Edición, 2024

Depósito legal M-9644-2024
ISBN 978-84-10217-03-4

Impreso en:
Gráficas Alto Tajo

Parque temático

Luciano García Lorenzo

La educación genera confianza.

La confianza genera esperanza.

La esperanza genera paz.

Confucio

Tras los ventanales

juegan los niños.

Y entre espliego y romero

tú haces camino.

L. G. L.

PERSONAJES

POR ORDEN DE APARICIÓN

SUSANA

LUCÍA

VOZ DE LAURA

MÓNICA

BEATRIZ

JORGE

FLORISA

LOLA

CLAUDIO

ACTO ÚNICO

SALA DE CLASE EN LA ESCUELA DE UN PEQUEÑO PUEBLO. NO HAY SILLAS DE LOS NIÑOS NI PUPITRES Y SOLO EN LA PARTE DE LA DERECHA LA MESA DE LA MAESTRA Y UNA SILLA. A LA DERECHA DE ESTA MESA, UN MAPA DE ESPAÑA COLGANDO DE LA PARED. VENTANALES AL FONDO QUE DAN AL PATIO. A TRAVÉS DE ELLOS SE VEN RAMAS DE ÁRBOLES SIN HOJAS. EN LA PARTE SUPERIOR UNA GUIRNALDA DE COLORES A LO LARGO DE TODA LA PARED, QUE DICE "TE QUEREMOS LUCÍA". EN LA PARTE INFERIOR DE LOS VENTANALES CAJAS DE CARTÓN CON LETREROS ESCRITOS EN UNO DE SUS LADOS: "FRÁGIL. LIBROS Y MATERIAL ESCOLAR". ENCIMA DE ELLAS CARTONES DE CAJAS TODAVÍA SIN DESPLEGAR. UNA PUERTA EN LA PARED DE LA IZQUIERDA, AL FONDO, POR DONDE ENTRARÁN Y SALDRÁN LOS PERSONAJES. PEGADAS A ESTA PARED, HAY TAMBIÉN CAJAS EN EL SUELO Y TAMBIÉN SOBRE ELLAS CARTONES SIN DESPLEGAR. EN ALGÚN LUGAR, TRES O CUATRO SILLAS. EL DIRECTOR PODRÁ DISPONER DE ELLAS A SU CONVENIENCIA, POR SI DECIDE UTILIZARLAS PARA QUE SE SIENTEN EN ALGUNA OCASIÓN LOS ACTORES Y LAS ACTRICES.

DESDE QUE COMIENZA A ENTRAR EL PÚBLICO EN LA SALA SE ESCUCHAN LOS GRITOS, CANCIONES Y LAS CONVERSACIONES DE NIÑOS Y NIÑAS EN EL PATIO DE LA ESCUELA. CESAN AUTOMÁTICAMENTE CUANDO ENTRAN LUCÍA Y SUSANA. LUCÍA ES LA MAESTRA. ES UNA MUJER ATRACTIVA, EN TORNO A LOS CINCUENTA Y CINCO AÑOS. SE QUITA LA PRENDA DE ABRIGO; VISTE UN JERSEY VERDE, PANTALONES OSCUROS Y ZAPATILLAS DE DEPORTE. SUSANA ES HIJA DE LUCÍA. VEINTITRÉS AÑOS. ALTA, MUY

*GUAPA, DESENFADADA Y CON UN ATRACTIVO
ESPECIAL. LLEVA SOBRE LOS HOMBROS
UN CHAQUETÓN DE TELA. VISTE PANTALÓN
TAMBIÉN OSCURO Y UNA CAMISA QUE
SOBRESALE DE LOS PANTALONES. TAMBIÉN
ZAPATILLAS DE DEPORTE. LATE ENTRE MADRE
E HIJA UNA EVIDENTE COMPLICIDAD Y HABLAN
Y ACTÚAN CON MANIFIESTA NATURALIDAD Y
SENCILLEZ A LO LARGO DE TODA LA OBRA.*

SUSANA   (*SE HA DETENIDO EN MEDIO DE LA SALA Y MIRA ALREDEDOR.*) ¡Qué pena! Me dan ganas de llorar, mamá...

LUCÍA   Bueno, ya falta poco para acabar este Calvario. Aunque la verdad es que también tiene bastante de comedia. O mejor sería decir tragicomedia.

SUSANA   Ya ni perchas para colgar los abrigos. Seguro, y nunca mejor dicho, que ya estarán a beneficio de inventario.

LUCÍA   Déjalo encima de las cajas. (*LUCÍA DEJA EL SUYO EN EL RESPALDO DE LA SILLA.*) Yo me voy a dedicar a sacar todo lo que hay en los cajones de la mesa y tú sigues con ellas...

SUSANA   ¿Te acordaste de decir que necesitábamos más cinta adhesiva?

LUCÍA   Sí. La tienes encima de las que están sin desplegar... Me la trajeron esta mañana del Ayuntamiento. (*SEÑALA EL MONTÓN DE CARTONES. PAUSA.*) ¿Cómo has venido?

SUSANA   Me ha traído Manuel.

LUCÍA   ¿Todo va bien?

SUSANA   Sí, dentro de lo que cabe y dadas las circunstancias, bien. Me ha dicho que te dijera hola. Tenía que volver a la fábrica inmediatamente. Parece que la tarde no se presentaba muy tranquila. La verdad es que tampoco es que las mañanas sean diferentes.

LUCÍA No he querido preocuparte, pero las últimas veces que ha estado por aquí me parecía como... nervioso. Incluso algún día lo he visto un tanto desmejorado.

SUSANA Y lo está. Agotado y lo peor es que sin recibir ni los más mínimos estímulos por parte de quien debería ofrecerlos; que también un poquito de sensibilidad y no digamos de justicia deberían estar presentes en esa dichosa empresa.

LUCÍA Ya me dijo que eran muchos los problemas. Y además, muy complicados algunos de ellos, porque se venían arrastrando desde años y aplazarlos es lo peor que se podía hacer y es lo que se ha hecho.

SUSANA Sí, para desbordar a cualquiera. Lo peor es que no encuentra tampoco mucha ayuda en los de arriba... Ahora, ya sabes cómo es, se echa todo encima...

LUCÍA Lo que más me inquietó es que parece que habían corrido rumores de una posible venta a una multinacional. Incluso que hasta en algún momento se ha llegado a hablar de cierre.

SUSANA En estos casos, y con la preocupación que hay, rumores todos los que quieras; pero lo que es evidente es que sacar a flote ese monstruo va a suponer un milagro. Y para él han sido dos años de un desgaste que, como tú dices, a veces se le nota demasiado físicamente.

LUCÍA ¿Pero no hay síntomas de que le haya dejado secuelas el Covid, verdad? Hay tanta y tanta gente que ha quedado tocada... Y me temo que estamos olvidando demasiado pronto lo que hemos pasado... En primer lugar él, que pasó una temporada realmente difícil de olvidar.

SUSANA No, de importancia parece que no hay nada, pero con cierto cansancio y un poco flojo sí que está desde entonces. En fin, él lo achaca a la tensión del día a día y a la paliza incluso física que supone hasta no dormir como mínimamente se necesita. Me hago la tonta, pero sé muy bien las vueltas que da en la cama e incluso los paseítos a ciertas horas.

LUCÍA Pues, hija, ya sabes que la vieja escuela dice que para que una mente funcione como Dios manda también el cuerpo tiene que estar en condiciones y dormir es la principal. Y, por otra parte, sí que me alegro y mucho de que a él no le haya dejado el dichoso virus problemas; al menos, de importancia. De todas maneras, repito, esta pandemia va a dejar una huella pero que muy preocupante.

SUSANA Y no solo económica, por supuesto, aunque de eso ya tenemos experiencia y más pronto o más tarde se sale.

LUCÍA Las crisis económicas son cíclicas y van y vienen con mayor o menor frecuencia, dependiendo de las causas que las originen. Lo que nos ha ocurrido estos años atrás, querida Susana, son palabras mayores...

SUSANA Sí, y las consecuencias, mamá, las vamos a sufrir durante mucho, mucho tiempo. Además, por parte de todos, desde tus niños y niñas, pues tú misma dices que su día a día no es el mismo que era hace poco tiempo, hasta los que todavía pueden sentarse en la solana con sus ochenta años y que no se ha llevado por delante el bicho ese de mierda...

LUCÍA   Y por si faltaba poco, y para que se cumpla eso de que las desgracias nunca vienen solas, más guerras y todo lo que han traído consigo. Sin olvidar, por supuesto, las estupideces y la irresponsabilidad de tantos tipos mediocres en manos de los cuales hemos dejado este país.

SUSANA   ¡Mediocridad que va la mayoría de las veces unida a la soberbia!

LUCÍA   Y lo peor no es eso, que a la vista está. Lo que produce más indignación es el descaro con que se ponen en práctica todas esas actitudes y el manoseo de frases como la tan cacareada del servicio al pueblo, queriendo justificar lo injustificable.

SUSANA   No dudo de que haya personas que se lo crean y que se acerquen a la política con esa voluntad de servir, de trabajar por la gente, pero la mayoría están ahí, hablemos claro, para solventar su problema laboral, pues saben que, al menos durante cuatro años, lo tienen resuelto. Luego, ya veremos cómo nos enganchamos a lo que vaya viniendo... Y así muchos hasta hacer de la política su oficio, sin pisar una fábrica, una oficina...

LUCÍA   Susana, es más preocupante. Y es que se trata ya de una cuestión moral, pues se ha impuesto la mentira como norma de conducta. Los testimonios son claros: ¿quién sabía y mucho menos empleaba la palabra "fake" hace cuatro días en este país?... Hoy es habitual y no solo en la prensa o entre los políticos. "Fake" define el presente hasta que llegue otro término que todavía más nos avergüence.

SUSANA Tienes toda la razón. Y da igual que un día se diga una cosa y al siguiente otra. Yo me río cuando escucho eso del Parlamento como el templo de la verdad. Lo del saber y la ejemplaridad allí no es precisamente lo que más abunda. Y, por supuesto, se miente con una desfachatez que responde a la pasividad con que se reciben e incluso se aplauden esas mentiras.

LUCÍA ¡Claro! ¿Para qué detener lo que es rentable?... Es que con demasiada frecuencia nos tratan como si fuéramos súbditos analfabetos o niños de tres años. Y no aprenden algo realmente importante, aunque se lleve siglos afirmado, y es que el castigo del embustero es no ser creído, aunque luego diga la verdad. (*PAUSA.*) Pero, bueno, es verdad que los réditos inmediatos e incluso al menos a medio plazo de esos embustes ya los ha disfrutado,

SUSANA Sí, mamá, pero también habría que pedir cuentas a una sociedad que parece dormida y aceptando en silencio situaciones en ocasiones tan escandalosas como insultantes. Mira, ¡qué cada palo aguate su vela!...

LUCÍA También eso es cierto y de eso se aprovechan, lo cual no es nada nuevo. Al silencio, aunque sea por cansancio, lo ven como asentimiento. Y, sin embargo, yo recordaría a los pacientes ciudadanos las palabras de Orwell: "En una época de engaño universal decir la verdad es un acto revolucionario."

SUSANA Siguen pidiendo paciencia y comprensión por lo que se nos ha venido encima y ya no esconden lo que está por venir. Pero ellos continúan sin saber lo que es el diálogo, entenderse cediendo lo que a cada cual le corresponda para llegar a un acuerdo, aunque sea de mínimos y que abra algún camino. Eso de la polarización es un hecho incuestionable y últimamente con una falta de respeto hacia el contrario que a veces avergüenza.

LUCÍA Te puedo decir, porque en gran parte lo he vivido, que en el último casi medio siglo nunca los asuntos públicos se han gestionado peor y además con un talante donde la necesaria ejemplaridad que antes mencionabas brilla por su ausencia. Ayer leí un artículo magnífico y muy valiente. El título era breve, pero explícito: "Hipocresía y cinismo".

SUSANA Pues pásamelo, que quiero leerlo.

LUCÍA Sí, precisamente lo recorté y lo tengo en casa. Recuérdame que te lo dé cuando vengas.

SUSANA Pues, mira, mamá. Con todo eso que estamos hablando entenderás aún mejor que más de una vez haya pensado lo que me hubiera gustado vivir la Universidad que vivió el abuelo... Al menos, ellos fueron sensibles a todo lo que les rodeaba y pelearon por lo que creían. Justicia y libertad no eran solo palabras, no eran solo abstraciones...

LUCÍA Bueno, tu abuelo vivió dos universidades. Echaba pestes de no pocos de los profesores que tuvo, pero es cierto que había en muchos jóvenes un compromiso con la sociedad en que se movían. La política por supuesto que estaba muy presente y además con una finalidad inmediata y muy práctica. Por supuesto que era una cuestión ideológica, pero lo fundamental es que era una actitud ante la vida.

SUSANA Y fueron generosos. ¡Eso es tan importante!...

LUCÍA Sí, es verdad. Había una serie de principios esenciales en los que creían y la generosidad nunca estuvo en duda. Eso hacía que, aunque en las clases con mucha frecuencia la satisfacción brillaba por su ausencia, sí que en los pasillos y en la calle había muchas cosas por las que luchar y esa generación decidió pelear por ellas.

SUSANA También la vuestra. Aunque es verdad que os dejaron bien trillada la era...

LUCÍA No, Susana, mi juventud te puedo asegurar que ya poco tuvo que ver con la del abuelo. Nosotros recogimos los frutos de lo que ellos habían ido sembrando.

SUSANA Yo tengo la suerte de seguir en el mundo universitario y debo reconocer, como dice uno de mis profesores, que hoy la bandera de la Universidad debería llevar por un lado un bostezo y en el otro un ronquido.

LUCÍA Buena y muy expresiva imagen es, sí señor. Además de graciosa.

SUSANA Reconozco que es una persona un tanto peculiar para los tiempos que corren, pero en lo que sí estoy muy de acuerdo con él y con algunas personas más que me rodean es que dos cosas no deben faltar en la vida universitaria: responsabilidad intelectual y sensibilidad social. Bueno, realmente no deben faltar en ninguna parte, pero yo ahora es lo que tengo más cerca.

LUCÍA ¡Por supuesto! Y lo que es evidente es que la Universidad no puede ser un fanal ni una torre de marfil donde vivir aislado y ajeno a lo que te rodea.

Es más, esa sociedad te está dando el privilegio de acceder a unos estudios superiores, mientras aquí vemos sudor y espaldas dobladas.

SUSANA Y nadie puede discutirnos eso, pues bien cerca lo tenemos. Y en más de una ocasión lo hemos puesto en práctica.

LUCÍA Además, no olvidemos algo fundamental: tampoco debe ser un hotel barato donde se puede residir los años que a uno le vengan en gana, repitiendo cursos porque la matrícula pueda pagarse sin que eso sea un drama para la familia.

SUSANA Es que eso, mamá, es estafar a la sociedad y sobre todo a la parte menos favorecida, pues es esa parte precisamente la que está contribuyendo con su dinero a disfrutar de unas oportunidades que no todos pueden tener.

LUCÍA ¡Naturalmente!

SUSANA Es una lástima, pero debo reconocer que esa es la sensación que en buena parte me va a quedar de unos cinco años que por otra parte fueron maravillosos. Aunque debo decir que esas maravillas estuvieron más en el Colegio Mayor, en las charlas en la Pinada detrás de la Facultad, en las tardes de cine o en las excursiones de los fines de semana. A la Facultad había que ir, a muchos otros lugares se quería ir... Y, por supuesto, no era perder el tiempo ni olvidar responsabilidades.

LUCÍA La Universidad, como en cualquier otro tipo de trabajo, es estar con los que te rodean y sobre todo convivir con ellos. Hablar, contrastar, intercambiar ideas, supone para la vida en general un aprendizaje a veces tan importante como el que se recibe en las clases. (*PAUSA.*) ¿Cómo va tu Proyecto?

SUSANA Por mi parte, sin problemas. Estoy muy ilusionada y sobre todo avanza al ritmo que habíamos previsto.

LUCÍA ¡Qué bien!...

SUSANA ¡Ay! ¡Coño con el cartoncito!

LUCÍA (*ASUSTADA.*) ¿Qué ha pasado?

SUSANA Pues que parece que estos cartones son cuchillos de lo afilados que están...

LUCÍA ¿Te has cortado?

SUSANA Si, en la yema del dedo...

LUCÍA (*SE ACERCA A SUSANA.*) Sangra un poco...

SUSANA Busca, mamá, en mi bolso; llevo siempre unas cuantas tiritas por eso de las ampollas. Que mis pies ya sabes que no se caracterizan por su fortaleza y su aguante.

> *LUCÍA SACA DEL BOLSO DE SUSANA EL SOBRE Y PONE UNA DE LAS TIRITAS EN SU DEDO.*

LUCÍA Ya está. (*RIENDO.*) ¡Anda, qué también...! Vienes a ayudar y encima dejas tu sangre en el empeño.

SUSANA (*MUY SERIA Y CON TONO DE SINCERO LAMENTO.*) Hoy, por lo que se ve, es día de cicatrices...

LUCÍA Bueno, mujer, de ésta parece que no vamos a tener que preocuparnos mucho. Aunque ya sabemos que tú ver sangre siempre lo has llevado bastante mal.

SUSANA Pues de familia me viene, porque, anda que papá...

LUCÍA Sí. Yo creo que se ha dejado barba para no tener que usar la cuchilla de afeitar, no sea que le rebanara el gaznate.

RÍEN. PAUSA.

SUSANA Por cierto, que era lo primero que quería decirte y se me ha pasado. Ayer contactaron directamente conmigo desde una universidad alemana para ofrecerme una estancia de un mes en el verano. Ellos trabajan prácticamente en lo mismo que nosotros y mi parte les ha interesado mucho.

LUCÍA ¡Pero, bueno, esa es una excelente noticia!

SUSANA Y además mi jefe de laboratorio me ha dicho que no me preocupe por el viaje y que también alguna modesta ayuda económica podrá salir del Proyecto de investigación.

LUCÍA Solo he hablado con él una vez, pero me parece una muy buena persona. Y como científico, admirable. Has tenido suerte... Bueno, lo cierto también es que te lo has currado y mucho.

SUSANA Sí, pero eso ya sabes que a veces no basta.

LUCÍA Como en todo.

SUSANA Ahí están muchos compañeros de carrera, sin posibilidades de entrar en ningún departamento de la Universidad y mucho menos en un grupo de investigación como en el que estoy.

LUCÍA Ya sé que es un tópico lo que te voy a decir, pero lo que no debes es perder las ganas de luchar. Haces lo que te gusta y lo vas haciendo bien.

SUSANA Sí, pero a veces me da mucha pena y me lleno de incertidumbre si pienso en el futuro, pues hay gente de una valía increíble y que lleva enganchando contratos o becas de cuatro perras año tras año. Y algunos y algunas sacando una familia adelante. No me extraña que la pura necesidad acabe con tantas ilusiones y algo tan sencillo y tan natural como querer hacer una vida profesional para la que te han preparado...

LUCÍA Y para la que la sociedad ha puesto el dinero de sus impuestos y puede que todo acabe siendo aprovechado por una universidad, la industria o unos laboratorios de Estados Unidos, Canadá o Inglaterra... Naturalmente, cada eslabón de la cadena se ufana de haber cumplido desde su despacho lo que dicen las leyes, los decretos, las órdenes, las ordenanzas, las disposiciones y demás papeles que hay que respetar, aunque, eso sí, los resultados parecen importar menos que el cumplimiento de todo lo acordado en los despachos y lejos de las aulas y de los centros de investigación. Dependemos del mismo Ministerio, Susana, aunque los niveles sean diferentes. Pero puedo decir eso porque lo conozco y creo que bastante bien desde hace ya décadas.

SUSANA Ayer, a Sergio, ya sabes quién es, se le acabó el enésimo contrato y abandona. Ha tirado la toalla. Pero, como decía antes, la cruda realidad es que tiene que mantener una familia y no le llega.

LUCÍA ¿Sergio es el que me presentaste la última vez que fui a buscarte, no?

SUSANA Sí, el de barba y gafitas... Acabamos todos llorando y enrabietados porque, en el fondo, Sergio es un espejo que quizás nos esté adelantando nuestra propia imagen. (*PAUSA*.) ¡Cuántas veces te he escuchado, mamá, eso de que un país sin la educación en la primera fila de las prioridades es un país de escaso futuro! ¡Y tantas has dicho que la Educación sin el imprescindible apoyo a la investigación hace una sociedad más dependiente y con menos futuro todavía!...

LUCÍA Y espero que, después de todo lo que ha ocurrido con el Covid y la pandemia, la gente se haya dado cuenta de la decisiva importancia que tiene el conocimiento, la ciencia en todos sus ámbitos. Porque es evidente que ha sido la investigación quien nos ha salvado de que siguieran muriendo millones de personas en todo el mundo.

SUSANA Y las que siguen muriendo, mamá. Lo que pasa es que nos importa un bledo lo que haya pasado o esté pasando, por ejemplo, en África y en otros lugares. Hemos resuelto, aunque sea en parte, nuestro problema y tan contentos.

LUCÍA ¿Es que no somos conscientes de que sin las vacunas hoy estaríamos todavía como al principio de esta peste?

SUSANA Me gustaría que la gente pensara en eso, aunque fuera un instante. Y luego que viniera a ellos la imagen de sus hijos, de su marido o de su mujer, de sus padres...

LUCÍA Recuerdo cuando empezó toda esta maldita pandemia y cómo la mayor parte de las personas que tenía alrededor afirmaban muy alegremente que ellos de vacuna, nada, que a ver qué les iban a meter en el cuerpo... Tantas veces me tuve que callar cuando me tachaban de alarmista, cuando decían que su cuerpo era inviolable y que nadie tenía derecho a servirse de él. A eso añádele que, según ellos, estaban experimentando con nosotros, pues tras eso se encontraban las compañías farmacéuticas con la única intención de forrarse...

SUSANA (*INTERRUMPIÉNDOLA.*) Bueno, eso último en gran parte es muy cierto. Forrarse las compañías farmacéuticas ha sido y sigue siendo una constante...

LUCÍA Pero tú bien sabes, Susana, porque lo hemos hablado alguna vez, que son cosas diferentes. Por supuesto que las farmacéuticas van a lo suyo y cuando vemos las cifras de negocio nos producen escándalo, pero la responsabilidad será de los gobiernos, de los estados, que se lo permiten.

SUSANA Y relacionado con esto hay algo tan miserable, que siempre me ha revuelto las tripas, porque resulta ya no escandaloso sino inhumano Y es que no inviertan en enfermedades raras, porque los pacientes son pocos y por lo tanto la venta sería pequeña.

LUCÍA Eso es verdad y obligarles sabemos que no se puede. Pero para eso está el Estado, para invertir en la lucha contra enfermedades que solo ataquen a una pequeña parte de la sociedad. Si no lo hace la investigación pública, por supuesto que no lo va a hacer la privada.

SUSANA Pero, sobre todo, lo que más indigna es que esas enfermedades en la mayoría de los casos las sufren los niños.

LUCÍA ¡Claro! ¡Siempre pagan los más inocentes!

SUSANA Yo creo, mamá, que la gente lo que fundamentalmente debe conocer es que el científico está generalmente aislado en el laboratorio, sentado en un taburete o en una silla horas y horas, que a menudo y, sobre todo en este país, trabaja por cuatro perras y que nunca se hará millonario con sus descubrimientos...

LUCÍA Y que podrá recibir reconocimientos y diplomas, pero cheques, ninguno.

SUSANA Tú sabes muy bien, mamá, que algunos sábados o domingos y a muy diferentes horas que me has llamado me has pillado en el Laboratorio. Y es que si pones en marcha un experimento no puedes dejarlo hasta el lunes, porque los tiempos son medidos, precisos, y, aunque sea unos minutos, tendrás que acercarte y parar la maquinita, ver y analizar los datos en ese momento o dar el siguiente paso absolutamente necesario para que aquello pueda tener efectividad... Es más, un error, a veces pequeño, puede dar al traste con horas, días o semanas de trabajo.

LUCÍA Cuando se opina sobre algo que se desconoce mejor es pensarlo dos veces y callar. La ignorancia unida a la temeridad es muy peligrosa.

SUSANA Pero no aprendemos...

VOZ DE LAURA (*SE OYE UNA VOZ INFANTIL DESDE EL PATIO DE LA ESCUELA.*) ¡Seño, Seño! (*LUCÍA ABRE EL VENTANAL Y CONTESTA A LA NIÑA, QUE EL ESPECTADOR NO PUEDE VER.*)

LUCÍA ¡Hola, Laura! ¿Qué haces por aquí?

VOZ DE LAURA Vengo a traer este libro que me dejaste para que lo leyera en casa.

LUCÍA ¿Y te ha gustado?

VOZ DE LAURA Sí, mucho. Lo leí de un tirón. Pero me ha dicho mi madre que hoy no podré llevar otro.

LUCÍA No, pero en unos días sí, ya verás.

VOZ DE LAURA Seño, he comprado gominolas y un huevo Kínder. Te dejo que elijas una de las dos cosas, porque sé que las dos te gustan.

LUCÍA Pues mira, hoy sí que necesitaba yo un regalito. Y tú, que maravilla, has sido como la dama de las adivinanzas y te has dado cuenta de ello. Pero te dejo que elijas tú. Porque creo recordar, si alguna capacidad de adivinar tengo yo, que te gustan mucho más las gominolas...

VOZ DE LAURA Es verdad, aunque mi madre dice que no son buenas para los dientes.

LUCÍA Bueno, por una vez que nos saltemos las normas el pecado no va a ser muy grave. Yo me quedo con el Kínder. (*LUCÍA INCLINA EL CUERPO HACIA EL PATIO Y COGE EL LIBRO Y EL REGALO.*) ¡Gracias, Laura! ¡Y adiós! (*MIENTRAS LUCÍA CIERRA EL VENTANAL, SE OYE LA VOZ DE LA NIÑA.*)

VOZ DE LAURA Adiós, Seño. Ten cuidado no te manches con el chocolate...

RÍEN LUCÍA Y SUSANA

LUCÍA Esta niña es un encanto, pero tiene a quien parecerse. Tanto su padre como su madre son de lo mejorcito que hay en el pueblo.

SUSANA Y lo de hacer regalos lo ha heredado de su abuela Mercedes. ¡Cuántas veces habremos merendado en su casa! Sobre todo cuando hacía torrijas... (*RÍE, PERO CON MIMO.*) Que sinceramente, mamá, le quedaban mejor que a ti...

LUCÍA ¡Claro! Porque yo hacía torrijas con el azúcar que necesitan y la abuela Mercedes le echaba tanta, que aquello parecía un pastel de almíbar...

SUSANA Pero, ¡qué ricas!

LUCÍA ¡Ya! ¡Menudo empalago!

SUENA LEVEMENTE EL TELÉFONO DE LUCÍA ANUNCIANDO UN MENSAJE. SE ACERCA A LA MESA Y LO LEE.

LUCÍA Es un mensaje de Claudio. Parece que tiene que contarme algo importante y me llama luego.

SUSANA ¡Ya!...

SUSANA MIRA A SU MADRE CON TERNURA. DURANTE UNOS MOMENTOS SE HACE UN SILENCIO, QUE PARECE LLENAR TODA LA HABITACIÓN.

LUCÍA Te has quedado muy callada... ¿Te ocurre algo?...

SILENCIO. SUSANA PIENSA MUY BIEN LO QUE VA A DECIR.

SUSANA Mamá, hace mucho tiempo que quería hablar contigo de algo realmente importante para las dos...

LUCÍA ¡Ay!, me tienes intrigada. (*CON PÍCARA COMPLICIDAD.*) ¿No estarás...?

SUSANA ¿Embarazada?... (*RÍE.*) ¡No! Y no será por falta de ganas, pero sabes cuáles son nuestros proyectos y por ahora eso no cabe en ellos.

LUCÍA Por supuesto. En estos momentos lo primero es centrarte en la tesis. Y que Manuel salga, aunque sea poco a poco, de la dinámica en que está metido.

SUSANA Eso, sin duda. En cuanto a la tesis hay que darle un buen empujón y consolidar bien mi puesto en el Departamento. Después, ya vendrá pensar en hijos o en casarnos.

LUCÍA   Me imagino que Sergio, además, con los problemas en la empresa no tendrá ahora la cabeza para churumbeles...

SUSANA   De vez en cuando piensa y habla de ellos, porque los niños por supuesto le gustan y mucho, pero sabe que esa parcela está vedada...Y luego, hay otro tema; no tardando mucho deberé salir al menos un año al extranjero. Esto, aunque se vea como maravillosa aventura, que por supuesto lo es, también ha roto y a veces desde muy pronto no pocas carreras y con frecuencia parejas e incluso matrimonios.

LUCÍA   Alguna vez te has referido a casos que son realmente tristes...

SUSANA   ¡Es que son tan frecuentes! El que tenemos siempre en mente, aunque no hablemos de él, es el de Diego. La persona más valiosa que ha pasado por el Departamento y casado con una mujer encantadora. Estuvo varios años en uno de los mejores hospitales universitarios de Estados Unidos. Su mujer se volvió pasado cierto tiempo y el matrimonió se fue al garete. Ella había sacado en España una oposición y en el Hospital donde estaba solo tenía dos posibilidades, pues no tenía permiso de trabajo: o fregar redomas estando cerca de su marido o trabajar enseñando Español, cosa que por otra parte ni era su carrera ni le gustaba para nada.

LUCÍA   Como ocurre siempre, ella era la acompañante y por lo tanto la perdedora.

SUSANA   Hasta que decidió hacer también su camino.

LUCÍA   Aunque las cosas algo hayan cambiado, esa situación sigue sin resolverse. Y me temo que va para largo.

SUSANA Pues sí, por eso todas y todos tenemos que sensibilizarnos cada día más. Por supuesto que no estamos en Irán o en Afganistán, pero queda tanto y tanto por hacer...

PAUSA.

LUCÍA Bueno, pues ya me dirás de qué quieres que hablemos...

SUSANA (*SE ACERCA A SU MADRE Y LA MIRA FIJAMENTE CON UNA LEVE SONRISA.*) Se trata de Claudio.

LUCÍA ¿Y?

SUSANA De ti.

LUCÍA ¡Huy, huy! Esto parece que va de cosas serias y un tanto delicadas. Espero estar preparada y a la altura de las circunstancias.

SUSANA No quiero que pienses, mamá, que soy una entrometida, pero llevo mucho, mucho tiempo, queriendo tener una conversación tranquila sobre esto y parece que los acontecimientos y la ocasión me han facilitado poder hacerlo ahora. Y además, aquí, en un lugar que tanto significa para ti y, por otro camino, también para mí. En esta clase está mi infancia contigo físicamente enfrente, pero sintiéndote siempre muy cerca, a mi lado.

LUCÍA Sí. Viéndonos el careto todo el día. No había otra...

SE HACE UN SILENCIO.

SUSANA De entrada y para que no quepa ninguna duda, lo primero y fundamental que quiero decirte, y que por otra parte tantas veces has escuchado, es que te quiero muchísimo y que has sido mi modelo y mi referencia como madre, como mujer y como profesional.

LUCÍA Solo he procurado ser consecuente y llevar a la práctica lo que me enseñaron y he sentido.

SUSANA Lo sé y lo he vivido a tu lado. Por eso, tengo la fuerza y la tranquilidad para decirte lo que vas a escuchar.

LUCÍA Y que estoy segura va a ser importante, teniendo en cuenta la introducción que has hecho...

SUSANA (*PAUSA. MIENTRAS SUSANA HABLA, LUCÍA IRÁ PASANDO SU MIRADA POR LOS VENTANALES DE LA SALA Y POR EL ROSTRO DE SU HIJA.*) Yo he sabido, mamá, desde que podía interpretar las cosas con cierta seguridad, que entre Claudio y tú había algo más que ser colegas de profesión y vivir en pueblos cercanos. Y es cierto que al principio lo pasé mal, porque sabes muy bien el inmenso cariño que le he tenido y tengo a papá. Pero también es verdad que la adolescencia te hace despertar a la vida, quizás de una manera frágil y un tanto veleta, pero vida al fin y al cabo. Y una de las cosas más importantes que en ella me pasó fue entender tu amor hacia Claudio y ver tu felicidad cuando vivías momentos que yo sabía estaban directamente relacionados con él. Claudio, además, siempre ha sido respetuoso y especialmente delicado conmigo, no ha forzado ninguna situación mínimamente incómoda o dolorosa y entendió lo que significaba para mí esa lucha entre ver cómo se alejaba la relación con papá y tu felicidad, que yo podía ver fácilmente cómo iba creciendo. (*SILENCIO Y LARGA PAUSA. LUCÍA PARECE TENER FIJA LA MIRADA EN LAS RAMAS DESNUDA DE LOS ÁRBOLES, MÁS ALLÁ DE LOS VENTANALES.*) ¿Estás molesta por haberte dicho todo esto? Si es así, lo siento de veras...

LUCÍA   No, en absoluto. Has sido valiente y a mí, sin embargo, me ha podido la cobardía y no he sido capaz de sacar en tanto tiempo esta conversación. Pero quiero que sepas que lo he hecho por respeto a tu padre. Sinceramente, más que por respeto a ti.

SUSANA   Es lógico, mamá. Y creo que tanto nos has tenido en cuenta que viviste esa historia, seguro que preciosa, pero por poco tiempo...

LUCÍA   Poco y además intermitentemente. Cuatro cursillos de Didáctica o temas afines, naturalmente fuera del pueblo, y poco más. Pero es verdad que fue hacerse realidad un sueño que, perdóname y bien lo sabes, había procurado vivir con tu padre, pero que no fue posible.

SUSANA   Y sé que luchaste, que los dos pusisteis por vuestra parte todo lo que era necesario y aún más.

LUCÍA   Si te soy sincera, y esto fue una realidad muy patente, me di cuenta de que tenía mucho cariño a tu padre, pero que no había amor entre nosotros, precisamente cuando tú naciste.

SUSANA   Y desde ese momento perdiste a papá y tampoco tenías todavía a Claudio...

LUCÍA   Sí. Y tardó en llegar. Por eso, mi vida fuiste tú y los niños que han pasado por esta aula. Y la gente de este pueblo.

SUSANA   Y sigues enamorada...

LUCÍA, QUE ESTABA CON LA VISTA PUESTA HACIA EL PATIO DE RECREO, LA FIJA PROFUNDAMENTE EN SUSANA.

LUCÍA   Sí, Susana. Pero el amor, para que haga feliz a las personas, hay que compartirlo. Y llega un momento en que lo que más duele es tener cerca con quien puedes hacerlo y sin embargo también aceptar que la distancia, aunque corta, es inmensa, precisamente porque los dos la habéis marcado y habéis establecido los límites.

SUSANA Siempre has sido como esta cinta adhesiva. Te unes de tal manera a lo que en verdad quieres y deseas que nunca te despegas de verdad, de verdad, de ello.

LUCÍA Esa es la diferencia entre querer y amar. Por eso, se puede y de hecho se quiere a tantas personas, pero se ama a muy pocas y con mucha frecuencia solo a una. Quizás, dependiendo de lo que ha sucedido en tu vida y cómo fueron los acontecimientos, al final, cuando das un repaso a tus emociones más profundas, solo queda un testimonio y es posible que, revoloteando, uno o dos más acompañando al primero. Pero, seguramente, estos últimos no sean nada más que momentos; como esas secuencias muy concretas que no olvidas, pero que no sabes a qué película pertenecen, de qué historias formaban parte.

SUSANA ¡Cómo te ha gustado jugar con las palabras!...

LUCÍA ¡Claro! ¡Si es de lo que he vivido!

SUSANA Y tantos hay que lo hacen y bien o están mudos o son unos charlatanes de feria.

LUCÍA Siempre te he dicho y, mira, me pongo contigo otra vez en plan maestra, que la historia de una sociedad está unida a su lengua. Todo está en ella y se expresa con ella. Los sentimientos, el conocimiento en general y no digamos nada del mundo sensorial... Incluso la vida diaria se puede explicar y mucho teniendo en cuenta la historia de la lengua, siguiendo la formación y la deformación de las palabras, hasta llegar al presente y deteniéndonos con ellas en tantos momentos del pasado. Tú sabes cómo me identifico con ese territorio llamado Celama, tan parecido al nuestro y creado por uno de mis escritores preferidos. Pues recientemente ese escritor dijo que Celama es un espacio verbal, un mundo de palabras. Claro que también inmediatamente antes había dicho que era un espacio de muerte y desaparición sin reivindicación posible... Eso, que me temo también lo tengo muy cerca, me niego a aceptarlo.

PAUSA.

SUSANA Pero también de ti aprendí, mamá, porque más de una vez te lo he escuchado, que las palabras tienen límites y en la vida hay momentos inefables, imposibles de definir o describir. La primera vez que te lo escuché no le di más vueltas y tampoco me hice preguntas.

LUCÍA Pero luego, como a todos nos ha pasado, lo has vivido. Eso es lo importante. Y hay momentos de nuestra existencia que no hace falta contarlos. Se viven, se desea su vuelta y punto. (*PAUSA.*) Fíjate, hemos pasado del amor a la Semántica y a él volvemos. ¡Vaya día!

SE HACE UN SILENCIO.

SUSANA Solo quiero que sepas que para mí, claro está, hubiera sido doloroso no veros en casa juntos a papá y a ti, pero también que llegué a una conclusión: si tu felicidad estaba ligada a Claudio, lo primero era tu felicidad. (*SE HACE UN LARGO SILENCIO. LUCÍA HA IDO SACANDO OBJETOS DE*

LOS CAJONES DE LA MESA Y UNO DE ELLOS ES UNA CAJA DE HOJALATA CON MOTIVOS DE PERSONAJES Y PAISAJES DE CUENTOS INFANTILES). ¿Y esta caja? ¡Es preciosa! ¡Nunca la había visto!

LUCÍA Aquí ha pasado, bien guardadita, pero a mi lado, toda mi vida de maestra.

SUSANA ¿Y puedo saber que hay en ella?

LUCÍA ¡Claro! Estaba aquí precisamente esperando un día especial para dártelo y hoy lo es y mucho, porque, aunque sea un día triste, atrás dejamos un tiempo maravilloso. Por eso y por tantas cosas, merece que a partir de ahora guardes este pequeño tesoro. Además, vuelve a ti, pues eres su hacedora. (*LUCÍA ABRE LA CAJA Y SACA DE ELLA UN FAJO DE PAPELES.*)

SUSANA Pero, ¡¿Qué es esto?!

LUCÍA Son tus primeros dibujos, las primeras letras y las primeras palabras que escribiste y también tus primeras redacciones.

SUSANA COMIENZA A MIRAR LAS HOJAS QUE LE HA PASADO SU MADRE. RÍE, SE EMOCIONA, PONE CARA DE ASOMBRO...

SUSANA ¡Pero qué maravilla, mamá! ¡Y qué sorpresa!

LUCÍA Me alegra mucho que te lleves esa alegría.

SUSANA Pero, ¿cómo no voy a llevármela?... ¡Mira, el perrito de peluche se repite tantas veces!... Y vaya casa que pinté aquí. Ocupa media página y tiene más ventanas que el Palacio real de Madrid.

LUCÍA Y solo un árbol, pero casi ocupa la otra media página.

SUSANA (*MIRA A SU MADRE CON MELANCOLÍA Y UNA MANIFIESTA TERNURA.*) Esta tierra, mamá, es de mucha jara y pocos árboles. (*PAUSA.*)

LUCÍA ¡Pero la jara es tan hermosa y huele a frescura, a campo!... ¡Y siempre llega cuando más falta hace!

SUSANA Lo que estoy segura es que nunca faltó a la hora de pintar yo casas el humo saliendo del tejado. ¿Te has fijado?... No hay chimenea, pero el humo sale de este palacio, de este castillo... Y es que si hay una sensación que llevaré siempre conmigo será el olor del sarmiento, de la madera consumiéndose en el salón y el crujido que hacía al romperse y el ruido del montón de leña cuando se venía abajo.

LUCÍA Y el susto que siempre se llevaba "Cisco", allí tumbado a nuestros pies, cuando los troncos ya medio quemados efectivamente caían sobre el suelo de la chimenea.

SUSANA Dejé de ser niña cuando él murió...

LUCÍA (*QUIERE CAMBIAR EL TONO DE LA CONVERSACIÓN.*) Mira, estos son ya los ejercicios de caligrafía...

SUSANA El descarado de Isidro siempre decía que yo tenía letra de niña de colegio de monjas. La o, hay que reconocerlo, es un círculo tan perfecto que parece hecha con compás. Ahora, ni yo misma entiendo mi letra.

LUCÍA Bueno, cuando escribes a mano, que es de peras a brevas. Yo creo que lo único que no escribes con el ordenador es la lista de la compra.

SUSANA ¡Qué va! (*RÍE.*) Para eso ya está también el móvil, mamá.

LUCÍA   A partir de aquí ya son algunos dictados y las redacciones hechas en clase y en casa.

SUSANA   "El viento", "Las vacaciones", "Mi música preferida"... (*SE DETIENE CON CALMA EN UNA DE ELLAS.*) En ésta están resumidas las cosas más importantes de aquellos años. (*PAUSA.*) Escucha, mamá. (*LEE CON EMOCIÓN.*) "Vivo en un pueblo pequeño. Tiene una Iglesia muy grande. También está la tienda de Fernando donde compramos las chuches. Aquí no vive mucha gente y cada vez hay menos niños y menos padres. Se van a trabajar a las ciudades grandes aunque vienen en las fiestas y nos lo pasamos muy bien. Hoy estoy triste porque el padre de Marina le ha dicho a mamá que también se marchan. Marina es mi mejor amiga. Bueno no sigo porque voy a llorar."

> *LLAMAN A LA PUERTA. LUCÍA SE LEVANTA DE LA SILLA Y SE DIRIGE A LA PUERTA Y ABRE.*

LUCÍA   Hola, Mónica, buenas tardes.

MÓNICA   ¿Puedo pasar? (*MÓNICA ES AMIGA DE SUSANA Y HA SIDO SU COMPAÑERA EN LA ESCUELA DURANTE TODA SU NIÑEZ. SALUDA, BESÁNDOLAS, A LA MADRE Y A LA HIJA.*)

LUCÍA   Pues claro. Y si quieres hacer cajas, antes terminamos esta encomienda.

MÓNICA   Lo haré encantada. Aunque se me parta el alma al tener que encerrar en cajas todo esto.

SUSANA   Todo esto tuvo vida, Mónica. Y eso nadie nos lo va a robar.

MÓNICA   Vengo a decirte, Lucía, que siento mucho toda esta locura. Es como una pesadilla. Pocas veces habrá una injusticia tan clara como la que están haciendo precisamente los que tienen la obligación de buscar soluciones.

LUCÍA Ya sabes, todo se reduce a números. Y este pueblo, como tantos y tantos otros, ya no llega...

MÓNICA No hay cosa más triste que tomar determinaciones sin alma, solo porque los números, los logaritmos, lo denuncian.

LUCÍA Pues así es y tenemos que irnos acostumbrado a que todo esto se irá incrementando en el futuro.

MÓNICA He recibido un correo electrónico de Alfonso. Parece que quiere reunirnos a todos los que hemos estado en esta Escuela, al menos por medio de un vídeo. Tiene ya redactado un documento que va a mandar a la Consejería de Educación y, si no hacen nada, a la prensa. Ya sabéis que contactos tiene y muchos y que eso es lo que más duele a esta gente, verse en los papeles. He leído el documento y es valiente: dice todo lo que hay que decir y en un tono sereno, pero firme; por supuesto, un tanto enrabietado, pero sin mostrar beligerancia ni anunciar amenazas.

LUCÍA Todo esto me está desbordando y bien sabéis que preferiría no dar tres cuartos al pregonero, pero Alfonso tiene perfecto derecho a escribir lo que quiera... Que, por cierto, lo hará muy bien. (*PAUSA.*) Seguro que por ahí andará alguna de sus redacciones. Tenéis que reconocer que era el que mejor escribía de la clase.

SUSANA ¡No solo eso! ¡Menuda labia la suya! Tenía una riqueza de vocabulario que envidiábamos todos. Y la pregunta era de dónde le venía esa facilidad para expresarse, ese torrente de palabras... Y además fuera el tema que fuera.

LUCÍA   Me lo has escuchado en más de una ocasión: leer, leer y leer.

MÓNICA   Yo lo que ahora admiro en él y le agradezco, como hemos comentado más de una vez, Susana, es que das cuenta, leyendo sus novelas y sobre todo su poesía, cómo este mundo rural en que vivimos ha sido el motivo para conseguir obras de una gran belleza.

LUCÍA   Eso es indiscutible, pero también indica ya algo triste y que no tiene vuelta atrás. Desde hace mucho tiempo, el habla de estas tierras se ha ido refugiando en la literatura y se ha perdido y mucho en las casas y en la calle. Alfonso, eso es verdad, ha hecho de lo que nos rodea, de estos paisajes, de los árboles y las piedras, de los cielos tan azules y de la escarcha tan blanca, de todo eso que hoy nos separan, una escritura hermosa, incluso idílica, pero la realidad es que los hombres y las mujeres se fueron marchando, dejando un hermoso paraíso, pero cada día más vacío.

MÓNICA   Sí y precisamente Alfonso es quizás la persona de todos los que estábamos en esta clase la que estaba más unida a todo este paisaje. Y, como tantos, se fue y no ha vuelto.

LUCÍA   ¿Y volver a qué, Mónica? (Pausa.) Ayer veíamos un reportaje en televisión sobre esos aeropuertos, que han costado millones y que realmente son cementerios, pues las pistas solo reciben aviones para eso, para morir. Aviones viejos, que duermen allí cierto tiempo y luego a desguazarlos y a vender las piezas como los pollos que se empacan en esa nave, delante de nuestras narices. Aviones desguazados, pollos descuartizados y nosotros mismos con la piel curtida, pero hecha jirones. Todos de la mano en la misma línea de salida.

SUENA EL TELÉFONO DE MÓNICA.

MÓNICA Perdonad. Sí. Hola. (*PAUSA.*) Era Pablo. Me ha dicho, Lucía, que quería venir para darte un abrazo, pero que no ha podido traerlo nadie. Ya te habrá dicho Susana que, como decimos por aquí, se retorció el pie y no puede conducir, claro.

LUCÍA Pero no es grave, ¿verdad?...

MÓNICA Bueno, para una temporadita tiene. Y luego que, ya sabéis, cabezota un rato. Se empeña en no coger las muletas para evitar poner el pie en el suelo y cree que con un bastón ya tiene suficiente.

SUSANA Eso creo que lo hemos hecho todas y todos...

MÓNICA Sí, cuando eres un crío, pero ya no con sus años... Anoche se pegó un tropezón y casi rueda escaleras abajo. Tuvo suerte, pero el grito que pegó de dolor seguramente se oyó en todo el pueblo.

LUCÍA En lo de cabezota tienes mucha razón. Terco, desde pequeñito. Pero también listo y simpático como pocos... Todavía recuerdo a Pablete cuando armó una de las suyas y como explicación el mocoso de él me dijo que era cuestión de carácter y que lo hacía para no decepcionar a Aries... Pocos como él para salir de situaciones comprometidas.

RÍEN.

MÓNICA No sabía yo eso, pero muy en su línea. ¡Qué cara!... Todavía muchas veces tengo que darle la espalda para que no me vea reír, porque suelta frases que lo mismo le darías un cachete que un beso...

SUSANA Es verdad que desparpajo tenía para regalar...

MÓNICA Pero todo el mundo lo quiere. Y apego a las cosas ni el más mínimo. Todo lo que tiene está a disposición de los demás. Ya le digo que en esto a veces hasta se pasa un poquito...

> *RÍEN LAS TRES. MÓNICA SIGUE CON LAS CAJAS Y LUCÍA CON LOS OBJETOS QUE HA SACADO DE LOS CAJONES Y HA DEJADO SOBRE LA MESA. AL CABO DE UN TIEMPO PRUDENCIAL, SUENA EL TELÉFONO DE LUCÍA.*

LUCÍA Sí, soy yo. (*PAUSA.*) Bueno, chicas, a preparar el recibimiento, pues la llamada ha sido para anunciarme que está a punto de llegar la comitiva. Ya están ahí enfrente.

SUSANA ¿Y quiénes la componen?

LUCÍA Era Lola, pero no me ha dicho nada de quiénes vienen exactamente. Quien te puedo asegurar que no se ha dignado acercarse es la Delegada provincial. Ya se me ha comunicado, naturalmente por vía oficial. Lo que no sé es a quién manda en su lugar.

SUSANA Le da igual. Al primero o primera que pille y así se quita el muerto de encima...

MÓNICA ¡Qué desvergüenza! Y ahí seguirá hasta las próximas elecciones y si ganan los suyos pues cuatro añitos más.

SUSANA Dejo de lado lo que supone huir de unos acontecimientos como estos y el feo que supone para ti, mamá. Porque esa es la palabra, huir. Pero lo más triste es que se lo está haciendo al pueblo, a la gente que ahora mismo se le está presentando un problema, que afecta muy directamente a su vida, al día a día de unas familias y, sobre todo, a unos niños y niñas para los que hoy seguramente es uno de los días más tristes de sus cortas vidas.

LUCÍA Tienes razón y, aunque me duele decirlo precisamente aquí, no quiero contenerme. Esa señora siempre ha tenido la sensibilidad en el culo.

LLAMAN A LA PUERTA. MÓNICA ACUDE A ABRIR.

MÓNICA Voy yo.

ENTRAN BEATRIZ Y JORGE. ELLA TIENE EN TORNO A TREINTA Y CINCO AÑOS, ES DIPUTADA EN EL PARLAMENTO NACIONAL Y JORGE ES EL RESPONSABLE DEL SERVICIO DE GESTIÓN ECONÓMICA EN LA DELEGACIÓN PROVINCIAL DE EDUCACIÓN, CULTURA Y DEPORTE. BEATRIZ VISTE UN TRAJE DE CHAQUETA MUY FORMAL, DE UN COLOR ROSA INTENSO Y ZAPATOS DE TACÓN MUY ALTOS PARA COMPENSAR SU BAJA ESTATURA. PELO RUBIO Y MUY REPEINADO. JORGE VISTE MUY FORMALMENTE, CON TRAJE Y CORBATA; TIENE EN TORNO A CINCUENTA AÑOS Y SUS INTERVENCIONES ESTARÁN MARCADAS POR LA AMABILIDAD E INCLUSO POR UNA ACTITUD EXCESIVAMENTE RESPETUOSA.

LUCÍA Buenos días tengas ustedes. Y sean bienvenidos a esta Escuela, que bien conocen.

BEATRIZ Y LUCÍA SE SALUDAN BESÁNDOSE. LO MISMO HACE BEATRIZ CON SUSANA Y MÓNICA. JORGE ESTRECHA LA MANO DE LAS TRES MUJERES.

BEATRIZ Mis saludos a la mejor maestra de España. ¡Y qué guapa que te veo, Lucía! Siempre he dicho que tratar con los niños nos hace ser más jóvenes y no los carcamales que tengo a mi alrededor en el Congreso de los diputados...

LUCÍA (*CON EVIDENTE IRONÍA.*) Siempre tan expresiva y clavando las afirmaciones. Lo digo por lo de estar con los niños. Por mi parte, Dios me libre de calificar de esa manera o parecida a nuestros excelsos representantes en el templo de la gobernación de este país. (*LUCÍA HA DICHO CON BUSCADA SOLEMNIDAD LAS ÚLTIMAS PALABRAS.*)

JORGE Buenos días, Lucía. Aunque nos veamos muy de vez en cuando, siempre es un placer para mí venir aquí. Aunque, naturalmente, en esta ocasión...

LUCÍA Encantada de que hayas venido, Jorge. Siempre que lo has hecho ha sido para algo positivo para esta Escuela. Bien sabes que esta es tu casa y no lo digo solo administrativamente.

JORGE (*SU INTERVENCIÓN ES UN TANTO PROTOCOLARIA Y FÁCILMENTE SE ADVIERTE QUE NO ESTÁ CÓMODO CON EL PAPEL QUE LE HA TOCADO HACER.*) Ya te dije que la Delegada tenía esta tarde un acto al que se había comprometido desde hace tiempo y le ha resultado imposible acompañarte en este día tan especial. Te pide disculpas y te envía un saludo muy cariñoso.

LUCÍA Muchas gracias, Jorge. (*CON FRIALDAD*). Cuando la veas, le das las gracias. (*SEÑALA A LAS CAJAS.*) Y siento recibiros así, pero mañana vienen los camiones para llevarse todo lo que hay entre estas paredes y vamos con el tiempo justo.

BEATRIZ SE ACERCA AL MAPA DE ESPAÑA.

BEATRIZ Una cosa te tengo que confesar, Lucía, pero fue algo que nos pasó a todas y a todos. Y es la situación de las Islas Canarias en el mapa. Menos mal que trajiste un día un mapa mundi y nos enseñaste de verdad donde estaban situadas. Porque no entendíamos qué hacían allí, a la izquierda del mapa y metidas en un cuadrito.

LUCÍA Bueno y ya que hablas de mapas, recordad la pregunta que un día lanzó Alfonso: "¿Por qué en los mapas de España siempre está Portugal?" Me dejó tan cortada, que no supe ni qué responder.(*TODOS RÍEN, PERO SIN DEMASIADO CONVENCIMIENTO, PUES BIEN SABEN QUE LA PREGUNTA ELLOS TAMBIÉN SE LA HAN HECHO EN ALGUNA OCASIÓN.*) De todas maneras, por una parte nos apropiamos de lo que no nos corresponde y por otra parece que hay demasiadas costuras un tanto deshilachadas en todas esas partes que componen eso que llaman la piel de toro.

DESPUÉS DE UNOS INSTANTES ALGUIEN TOCA EN LOS CRISTALES DESDE EL EXTERIOR.

SUSANA ¡Voy yo! ¡Voy yo!

SUSANA CORRE PARA QUE NADIE TOME LA INICIATIVA Y ABRE DE PAR EN PAR UNO DE LOS VENTANALES. APARECE EN ÉL UNA MARIONETA, UNA ADOLESCENTE CON UNA GRAN SONRISA, VESTIDA CON COLORES MUY VIVOS, UN SOMBRERO TAMBIÉN DE DIVERSOS COLORES Y DOS TRENZAS MUY MARCADAS EN EL PELO.

FLORISA Hola, Seño. Soy Florisa, el hada que vive en las montañas que tenemos tan cerca de este pueblo. Vivo entre los pinos, los abetos, los abedules y los helechos que vemos desde nuestras casas y que en invierno se llenan de nieve. Luego, en primavera, las aguas bajan en torrentera y escuchamos su ruido al pasar por el río que atraviesa nuestro pueblo y a veces llega hasta las piedras más altas del puente del Hayedo. He venido hoy a decirte que los niños y los adolescentes que hemos pasado tantos años a tu lado en esta sala de clase estamos hoy tristes, porque nos cierran la Escuela, nuestra Escuela. Aquí ha hecho frío en el invierno, cuando se estropeaba la calefacción, y hemos pasado calor porque nunca hemos tenido aire acondicionado. ¡Pero todos, con frio o con calor, sabes que hemos sido tan felices!... En la clase siempre te teníamos a ti, para aprender a multiplicar y los ríos de España, pero también para ponernos una tirita en la rodilla, para darnos la cucharada del jarabe o para limpiarnos los mocos o las lágrimas. ¿Y sabes una cosa?... Yo sé lo que es estar abrazada a ti muy fuerte, muy fuerte, cuando murió mamá y no hacía más que llorar y quería morirme para ir con ella. Me acoché en tu pecho muchas veces y aunque no hubiera calefacción sentía un calor muy especial porque estabas a mi lado, pasando tu mano por mi frente para apartar los pelos que no me dejaban ver tus ojos... Ya sabes, te llamábamos "La Seño esmeralda". Un día nos hablaste de las piedras preciosas y aprendimos dónde estaba Colombia y desde entonces tus ojos eran las esmeraldas más dulces que podían venir de América. Seño, ahora tendremos que ir todos los días a otro pueblo en autobús, pero que sepas que siempre desde la ventanilla te veremos con todos nosotros, aprendiendo el nombre de las plantas, de las flores, de las clases de nubes que hay en el cielo y de los nombres de los vientos según de dónde vengan. Has sido otra madre para todos los niños y niñas de este pueblo. Para mí fuiste la única desde un día oscuro y con cencellada de invierno en este lugar. Yo por aquí me quedé y quiero decirte que saber que tú, año tras año, aquí seguías con nosotros ha sido para todos la fuerza que necesitábamos para no dejar a las cigüeñas de la torre, a las grullas de la charca ni a los pichones de los palomares. (*SE EMOCIONA*). ¿Recuerdas la primera vez que nos llevaste a la montaña? Allí arriba nos dijiste que tu flor preferida era la siempreviva, porque nace entre las fisuras de las rocas, tiene que ser fuerte como ellas para sobrevivir a todo tipo de inclemencias y sigue en pie a pesar de las dificultades y de las condiciones más adversas. Esa has sido tú siempre, Seño. Por eso, en nombre de todos tus hijos y de todas tus hijas, porque lo hemos sido y lo seremos siempre, he traído para ti este ramito de siemprevivas. (*LLORA*). Gracias, Seño.

LUCÍA SE ACERCA A LA MARIONETA Y COGE EL RAMO DE FLORES. LA MARIONETA DESAPARECE. SE HACE UN PROFUNDO SILENCIO. SUSANA Y MÓNICA SE SECAN LAS LÁGRIMAS. LUCÍA DICE ADIÓS CON LA MANO REPETIDAMENTE Y LE TIRA BESOS A LA MUÑECA. VUELVE A CERRAR EL VENTANAL.

LUCÍA (*MUY EMOCIONADA. SE DIRIGE A BEATRIZ Y JORGE.*) Era Lola, la alcaldesa. No podía ser otra. (*SE DIRIGE A SUSANA*). Y esto lo habéis preparado entre las dos.

SUSANA   Puede que sí, puede que no. (*ENTRE RISAS Y EL LLANTO.*)

BEATRIZ   ¡Pero ha sido precioso!

LUCÍA   Y muy entrañable, es verdad. Siempre, hasta en los momentos más dolorosos, hay una luz que llega desde donde uno menos lo piensa. Aunque, la verdad es que en este caso no era difícil adivinarlo.

> *LLAMAN A LA PUERTA. MÓNICA ABRE Y ENTRA LOLA. ES MAYOR QUE SUSANA Y MÓNICA. VISTE DESENFADADA. LLEVA EN LA MANO LA MARIONETA.*

LOLA   No me riñas, Lucía. Ya sé, ya sé, que no querías homenajes ni palabras solemnes. Y que el día fuera como uno más. Pero eso, perdóname, no es posible. (*ESTÁ MUY EMOCIONADA.*)

> *LUCÍA SE ACERCA Y LA ABRAZA CON FUERZA.*

LUCÍA   ¡Huy, que no te veo con ese pelo tapándote la cara! (*LE QUITA EL MECHÓN DE PELO QUE LA CUBRE.*) Ahora, sí, ahora ya te veo. (*LA MIRA FIJAMENTE.*) ¡Gracias! Con el corazón te lo digo.

LOLA   Fuiste tú la que me fomentaste el amor por el teatro... ¿Te acuerdas?

LUCÍA   ¿Cómo no voy a recordarlo?... Yo creo que aquel día te cambió la vida.

LOLA   Vino aquella compañía de titiriteros al pueblo y me quedé fascinada con los muñecos y con las historias que contaban de países lejanos, de bosques y de mares, de castillos y barcos luchando contra las tempestades...

LUCÍA   Lo que no sabíais es que aquellas historias eran adaptaciones de obras escritas desde la

Edad media, de romances o por genios como Shakespeare, como Cervantes o Lope de Vega... Y que había otras, tan fáciles de entender por vosotros, que contaban historias y leyendas como las que habéis escuchado tantas veces en vuestras casas, en el campo o en vuestros propios juegos...

LOLA Era todo mentira, pero tan hermosas...

LUCÍA ¡Claro! Por eso yo sí que me acuerdo de tu cara embelesada, los ojos fijos en el pequeño escenario, sin pestañear ni un momento... Te quedaste tan obnubilada que, mientras todos aplaudían, tú ni moviste un músculo de tu cuerpo.

LOLA Es que además tú contabas todo como si lo estuviéramos viendo en la clase, como si fuera un cuento lleno de vida.

LUCÍA ¡Y tanto que había vida en torno a esos sucesos y alrededor de aquellos actores y actrices que interpretaban cien personajes!...

LOLA Todavía recuerdo aquella mañana, antes de ver a los titiriteros. Nos hablaste de las compañías de teatro en el Siglo de Oro, de las representaciones teatrales, de las damas, de los galanes y de los graciosos. Yo me veía en el escenario del Corral de comedias, vestida con el corpiño o el faldellín o la saya con manga redonda y los puños de punta de randa... Lo repito así, de corrido, porque me lo aprendí de memoria. ¡Tanto me gustaban esas palabras, que nunca las he olvidado!...

LUCÍA ¡Y recuerdo que hiciste unos dibujos preciosos, a partir de las fotos de unos libros que os enseñé...!

LOLA Sí, eran cuadros de pinturas y dibujos de colores... ¡Pero, no te he contado algo! Cuando con los años he comprado todos los domingos algún periódico de Madrid, siempre lo primero que he hecho es ir a la Cartelera de teatro. Y aunque sabía que era muy difícil que pudiera ver las obras en escena, disfrutaba solo con leer en voz alta los títulos, tan hermosos, de las obras clásicas: *La dama duende*, *Lo fingido verdadero*, *Muerte de amor es ausencia*, *Servir a señor discreto*, *Los melindres de Belisa*... (*ENTUSIASMADA.*) ¡Ay, Dios mío, qué maravilla!... ¡La cantidad de historias que imaginaba únicamente a partir de esos títulos!

LUCÍA Es verdad, mira que es difícil acertar a la hora de poner títulos a los libros, pero esos genios lo eran porque hasta con los títulos hacían poesía y despertaban la imaginación.

LOLA ¿Te imaginas el aburrimiento de tantos y tantos españoles, si no hubieran tenido esas compañías teatrales, esas comedias de capa y espada, esas representantas de las que se enamoraban hasta los reyes...?

LUCÍA De gusto escucharte y compartir ese entusiasmo...

LOLA Pero también el teatro me ha hecho llorar. Que me acuerdo de cuando un poco más mayor fui con mi padre a Madrid y me llevó a ver Misericordia... Una historia bien triste y muy dura... Pero nunca olvidaré a la actriz que hacía de Benigna. ¡Con ella comprobé eso de que a veces en los escenarios se producen milagros!

LUCÍA Esa puesta en escena quedará para la historia del teatro español, sin duda alguna...

LOLA (*INTERRUMPE.*) Y no te digo nada cuando luego vi la película El viaje a ninguna parte. Ya estaba enamorada de Fernando Fernán Gómez, pero desde entonces fue como un dios para mí. ¡Él era el teatro!

BEATRIZ ¡Qué especial, pero qué atractivo y maravilloso era ese hombre dentro y fuera de la pantalla!

SUSANA Cuéntale, Lola, a mi madre por qué le has puesto esas dos trenzas a tu Hada de los bosques.

LOLA Seguro que ella se acuerda perfectamente...

LUCÍA Me da que sí.

LOLA ¿Cómo no vas a recordarlo, Lucía? Yo llegaba todos los días tarde a la Escuela. Y con una pelambrera que no me dejaba ver, pues venía corriendo y se me alborotaba todo el pelo. Tenía que dejar la casa un poco ordenada, sobre todo las camas hechas, que así me lo había dicho siempre mi madre; hacer el desayuno para mi hermanilla, vestirla... Y peinarla, con lo cual la que me pasaba un cepillo rápido, rápido, por la cabeza era yo. (*PAUSA*). Cuando llegaba aquí, me sentaba en el pupitre ya agotada y tú no me decías nada, porque sabías que necesitaba un ratillo para incorporarme al ritmo de la clase. (*PAUSA.*) Estaba toda la mañana, Lucía, deseando que llegara la hora del recreo. Y cuando, por fin, decías "¡Al patio!", yo iba hacia él, pero muy corquita de ti, esperando a que me dijeras que me sentara en aquel banco, siempre en el mismo y que ahí está todavía... Y entonces me arreglabas el pelo para acabar haciéndome dos trenzas de las que ya estaba presumiendo yo todo el día. (*MIRA CON TERNURA A LUCÍA*). Lo que más me gustaba es que me pasaras de arriba a abajo el cepillo una y otra vez. Despacito. En silencio. Yo cerraba los ojos y aquello era como dormir un sueño de serenidad, de paz, de sosiego... Y volvía a otros días, a la cocina de mi casa... (*LLORA*). Lo siento.

SUSANA SE ACERCA A LOLA Y LA ABRAZA. LUCÍA, AUNQUE CON LOS OJOS HÚMEDOS, LAS MIRA CON UNA SONRISA QUE EXPRESA FELICIDAD.

BEATRIZ Lo tuyo, Lola, ha sido realmente un detallazo precioso hacia Lucía.

LOLA (*MIRA FIJAMENTE A BEATRIZ. CON MARCADA IRONÍA, CAMBIANDO EL TONO DE SU VOZ, PRONUNCIA CON ESPECIAL ÉNFASIS LA PALABRA "DETALLAZO".*) Sí, eso es precisamente lo que pretendía que fuera: un detallazo...

BEATRIZ Ya te llamaré para que me cuentes los problemas más urgentes que tenéis en el pueblo. Y a ver qué podemos hacer...

LOLA Gracias, lo haré. Pero, desde hoy, ya ves, un problema menos. Al cerrar la Escuela se acaban sus problemas y ya no hay que pedir citas y hacer antesalas. (*MIRÁNDOLA FIJAMENTE*). Yo creo que lo mejor sería cerrar todo el pueblo. De esa manera, solución final, definitiva.

BEATRIZ Siempre tan rotunda.

LOLA Es cansancio, hartura, como bien sabes que decimos por aquí.

BEATRIZ Y lo entiendo, pero debes saber, y los datos están ahí, que mi Partido está haciendo por esta Comunidad y más concretamente por esta provincia unos esfuerzos extraordinarios... Hasta tal punto que las provincias vecinas se sienten agraviadas y así nos lo hacen llegar.

LOLA No me recuerdes a tu Partido ni a los que los rodean. Os tienen tan pillados con sus consignas, que no tenéis iniciativa y en más de una ocasión parecéis marionetas manejadas por hilos en manos ajenas. Vuestro voto a favor o en contra es el que os mandan, aunque en muchas ocasiones esté muy lejos de vuestras convicciones, aunque vuestra conciencia grite que no lo hagas, que seas tú mismo al menos una vez en tu vida política. Pero, claro, hay algo por encima de la conciencia y es la transferencia que todos los meses llega a la cuenta corriente y que durará tantos años como dure la obediencia. En esas condiciones la conciencia se queda aparcada y tan inmóvil como los leones que escoltan vuestro castillo de las mil y una noches. Es verdad que siempre quedan las puertas giratorias y los pagos por los servicios prestados, pero como eso a veces no dura mucho tiempo lo realmente práctico e inmediato es seguir en el carrito y comulgar con ruedas de molino, si hace falta. En el fondo se trata de una cuestión de higiene, de higiene moral...

BEATRIZ Te estás pasando, Lola...

LOLA Presumes de escuchar a los ciudadanos; pues escúchame, que soy uno de ellos. Ya sabes que tengo un defecto y es que me gusta leer y ayer venía en el periódico un artículo de esos a los que vale la pena prestar especial atención de vez en cuando, porque resume a la perfección lo que piensas y a lo que le das tantas y tantas vueltas; incluso llegas a dudar de comentarlo con alguien, porque quizás los límites de un pequeño pueblo piensas que son tus propias limitaciones. (*PAUSA*). Decía el autor de ese texto que ya Platón había hablado de dos tipos de política, la socrática, que tenía como fin conseguir la educación del ciudadano y con ella su perfeccionamiento moral, personal, y la sofística o el arte de practicar esa política con el fin de conseguir el poder y mantenerlo a toda prueba, sirviéndose del ciudadano pero precisamente no haciéndolo mejor.

BEATRIZ ¡Ahora una lección de filosofía!... Pues yo, si me atengo a lo que acabas de decir, solo puedo añadir que practico la primera de esas políticas y lo hago muy a sabiendas de que es así como un país hace mejor su futuro... Estoy asignada a tres comisiones y a ellas me dedico en cuerpo y alma, aparte de los asuntos del día a día...

LOLA ¡Claro! Y cuantas más comisiones más complementos en la paga final para así completar el salario de diputado que, eso es verdad, tampoco es para hacerse millonario. Y, si recuerdo bien, porque de esto hablas con frecuencia, de esas tres comisiones una de ellas está relacionada con relaciones internacionales. Pero, Beatriz, espero que puedas entenderte muy bien con tus colegas extranjeros, porque creo que la única lengua que sabes es la que estamos usando tú y yo en estos momentos y lo más lejos que habías ido antes de tus nombramientos era a París y de viaje de novios.

BEATRIZ Ha llegado el momento de tu bien aprendido y practicado puntito de mala leche, que, hija, te sale con frecuencia. Siempre fue así.

LOLA Seguro que debe ser eso, mala leche. (*PAUSA*). Perdonad. Tengo cosas que hacer.

JORGE Aprovecho yo también para salir. Disculpadme, pero debo volver a la Delegación. Me espera una buena pila de documentos, que tienen que estar listos para mañana. Ya sabéis, lo mío son papeles y más papeles...

LUCÍA Gracias por venir, Jorge.

BEATRIZ Muchas gracias por acompañarme.

JORGE Ha sido un placer.

LOLA Y JORGE SE DIRIGEN A LA PUERTA Y SALEN.

SUSANA Yo, si me permitís, voy a seguir con las cajas.

BEATRIZ ¡Qué mujer, por Dios! Se cree que su pueblo es el centro del universo y no hay otra cosa que hacer que escuchar y escuchar sus lamentaciones y sus sempiternas protestas.

MÓNICA (*CON SERENIDAD, PERO CON FIRMEZA.*) Hace su trabajo, Beatriz: luchar, defender los intereses de quienes la han elegido alcaldesa. Y no se le puede acusar de parcialidad porque hoy te lo dice a lo que tu representas y mañana se lo suelta a tu contrario.

BEATRIZ Ya os querría yo ver recibiendo a alcaldes, empresarios, sindicalistas, y todos con su particular problema, que, por cierto, siempre es más importante que el del vecino. Cuándo nos convenceremos de que el Estado llega donde puede, que tiene un techo económico que se llama Presupuestos generales y a ellos hay que atenerse.

MÓNICA Yo creo que en general la gente es razonable. Y pide lo que necesita.

BEATRIZ Te diré que como mínimo eres una ingenua.

MÓNICA Opino teniendo en cuenta lo que veo y lo que escucho.

BEATRIZ Pero al menos admitirás que algunas de esas personas, que tienen responsabilidades públicas de una u otra manera, con frecuencia no se dan cuenta de que todo tiene un límite y de que no están solas en el mundo.

MÓNICA Por supuesto que las hay, pero vuelvo a decirte que en general no es así y que los despachos conforman un mundo y las casas, las calles, las fábricas, el campo, todo eso y mucho más es otro. Y os habéis alejado cada vez más de él.

BEATRIZ Acepta, por lo menos, que unos más que otros.

MÓNICA Por supuesto. Como en todo. Pero se pisa demasiada moqueta y poco barro.

BEATRIZ No lo dirás por mí...

MÓNICA El problema es que solo escucháis a quien sabéis que va a deciros precisamente lo que queréis oír.

BEATRIZ No exageres, Mónica. Y subestimas demasiado, no lo olvides, algo fundamental: somos personas que hemos sido elegidas libremente por sus conciudadanos. Y que con mucha frecuencia juzgan nuestra tarea volviendo a votarnos en la siguiente elección. Parece que no todo lo hacemos mal si siguen confiando en nosotros...

MÓNICA Sabes muy bien que eso sucede en las elecciones municipales y no siempre, porque, sobre todo a nivel nacional, se vota fundamentalmente a los partidos y no a las personas. Os acostumbráis muy pronto a vivir en un círculo de militantes y cada día ese círculo es más pequeño y habitualmente formado por los mismos... ¡¿Y qué os van a decir vuestros asesores?! Son del Partido, personas de confianza y por lo tanto amigos... Pues no daros disgustos. Lógico. Por cierto, que menuda oficina de colocación es la de los Asesores. ¡Hay para llenar un estadio! Pero, claro, si escarbas un poco, llegas fácilmente a la explicación; la consigna es colocar a todos aquellos que no han logrado un escaño o una concejalía, a los que están sin trabajo, a los compañeros de Facultad, a los que quieren tener la experiencia de la política activa después de la sindical o se han aburrido del funcionariado... Cuando no es una cuña que os cuelan desde arriba para tener al infiltrado correspondiente...

BEATRIZ   ¡Y venga! Pero, anda, desahógate que falta te hace... ¡Por Dios, qué carácter...! Solo hace falta que me pongas los grilletes y me lleves al cuartelillo.

SUSANA   Perdona, Beatriz, que intervenga, pero sé sincera y dime una cosa. ¿Cuántos de esos asesores son especialistas en la materia para la que se les nombra? La razón fundamental de los nombramientos es que son personas de confianza del cargo correspondiente, lo cual no quiere decir que muchos de ellos sepan mucho, poco o nada del trabajo que van a realizar. Hoy Asesor en el Ministerio de Agricultura y Pesca, mañana en la Consejería de Cultura o de Educación y pasado mañana en la Concejalía de parques y jardines... Claro que con los ministros pasa lo mismo... Remodelación de gobierno y ayer de Trabajo y hoy de Sanidad...

MÓNICA   Lo que no me explico es que no os hayáis inventado, aprovechando precisamente los cambios y cambios en Educación, una Escuela de Asesores. Una nueva especialidad, un nuevo grado, y con salidas de trabajo garantizadas. Pero, ay, amiga mía, sucede como con esa frase tan habitual en los curricula que podemos leer tantas veces: "hizo de estudios de..."; hizo estudios de Derecho o de Medicina o de Ingeniería, cuando todos estáis al tanto de lo que realmente sucede: el truco es matricularse y no asistir a una sola clase, porque con el papelito de matrícula ya está justificada la afirmación y en el Curriculum queda para siempre...

BEATRIZ   Os pasáis un pelín...

LUCÍA   Me encanta que discutáis y que lo hagáis incluso con cierta vehemencia. Y me encanta, sobre todo, que lo hagáis con respeto. En el fondo, hay algo muy positivo y es que a las tres os preocupa lo que tenéis alrededor.

BEATRIZ   Pues, anda, que no tenías que cortarnos en clase cuando tus niños y niñas se ponían, como decías, efervescentes...

LUCÍA   Beatriz, no quiero dar una clase porque nos encontremos en mis dominios, pero estarás conmigo que el Congreso donde tienes tu escaño no luce precisamente por la capacidad oratoria de la mayor parte de sus componentes ni lo que es más importante por el contenido de sus intervenciones. Es más, aquello en muchas ocasiones es un triste circo cuando no una escuela de insultos, desplantes y gestos indignos de lo que debe ser y representa ese lugar. Tendría que ser la sede del mejor y más constructivo debate público y es un testimonio de la desaparición de lo mejor de nuestra cultura y del vacío de positivos mensajes y ejemplaridad, de la ausencia de ideas, de contraste respetuoso y una cierta exigencia en cuando a su profundidad... La verdad es que ese Congreso, pero podrías aplicarlo a las Cámaras autonómicas y no pocos lugares de debate, es un signo más de una sociedad que se está destruyendo a sí misma y el círculo de vacío que está cavando a su alrededor cada vez es más amplio. Y todo esto en un país manifiestamente roto, que está hecho jirones y polarizado como no lo había estado en los últimos decenios... Más aún, Beatriz, hay algo que me preocupa y muchísimo: en esta sociedad late una cierta sensación de miedo. Y es que hay unos límites morales que cuando se saltan indican que algo realmente grave está pasando.

SILENCIO DURANTE UNOS SEGUNDOS.
MÓNICA MIRA EL RELOJ Y DEJA LAS CAJAS.

MÓNICA   Yo os voy a dejar. Tengo camino por delante y no quiero que se me haga de noche. Beatriz, Susana, hasta otro día.

SUSANA   Adiós, Mónica. Y recuerdos.

BEATRIZ   Hasta la próxima, Mónica.

MÓNICA   Lucía, a ti solo te digo que te quiero mucho. Y que...

LUCÍA LE DA UN BESO Y LA EMPUJA HACIA LA PUERTA.

LUCÍA   Venga, que no estoy yo hoy para sensibilidades exquisitas como la tuya...

SALE MÓNICA.

BEATRIZ   Está muy guapa Mónica. Bueno, siempre lo fue.

LUCÍA Que sepas, Beatriz, que a pesar de nuestras discrepancias, me alegra y mucho que hoy estés en esta Escuela.

BEATRIZ Claro, es mi Escuela, mi gente. Y mi tierra del alma. (*RÍE.*) Y no olvides que tengo uno de los apellidos más repetidos en diez leguas a la redonda.

LUCÍA Eso es verdad. De poco prolífica no se puede acusar a tu familia. Me dijiste una vez que tu bisabuela había tenido doce hijos. Fíjate, solo ella casi nos hubiera llenado la mitad de un aula como ésta. Y nos hubiera redimido a todos evitando que se cerrara la Escuela.

BEATRIZ Pero no completan adecuadamente la noticia. Y es que la mitad murieron al nacer o vivieron muy poco. No eran estos tiempos y la medicina, lamentablemente, todos sabemos que era otra.

LUCÍA ¡Y tanto!

BEATRIZ Mi madre decía que la penicilina y las vacunas, como las de la viruela o del sarampión, marcaron un antes y un después en la historia de la humanidad.

LUCÍA ¡Y cuánta razón tenía tu madre! La sociedad progresa fundamentalmente por la educación y la ciencia... Otra vacuna nos ha salvado no dudes que los acontecimientos se repetirán. (*PAUSA.*) ¿Te quedas mucho tiempo por aquí, diputada?

BEATRIZ Ya querría. Pero imposible...

LUCÍA ¡Vaya! ¡Lo siento!

BEATRIZ Te puedo asegurar que el Congreso parece a veces la antesala de una cárcel. Y al estar tan apretadas las votaciones no podemos ni coger un catarro. Pero no os podéis imaginar lo que, allí encerrada, me acuerdo de este aire, de los grillos, de los vencejos volando de un rincón al otro de la plaza... Y, sobre todo, de los olores, que tantos recuerdos me traen...

LUCÍA Beatriz, ten cuidado y no aludas a los olores, aunque no estemos en Verano. ¿Cuándo fue la última vez que estuviste por aquí?

BEATRIZ Hace un año, más o menos.

LUCÍA Con la caravana electoral, ¿no?

BEATRIZ Sí, efectivamente.

LUCÍA Cuarenta y cinco minutos, una hora... Paseo por la calle principal, apretones de manos y aplausos de los tuyos de por estas tierras y del coro que os acompaña para estos menesteres. La consiguiente bandera en el camión escoba, que sacáis a la entrada de cada pueblo y la guardáis al salir, mientras se saca la de la próxima estación de ese Vía crucis que os hacéis en unas cuantas horas.

BEATRIZ ¿Por qué no lo ves como la manera de darnos a conocer, de que la gente escuche nuestras propuestas y pueda contrastar con las que hacen otros?

LUCÍA El discurso, Beatriz, varía poco, por supuesto. En realidad, es el mismo en todos los pueblos. Bueno, con tres tópicos necesarios y muy prácticos para tocar el corazoncito de la gente. El argumentario transformado en discurso...

BEATRIZ Me temo que ha llegado la hora de tu habitual ironía, querida Lucía.

LUCÍA Dime, cuando acabe, si no tengo razón... En primer lugar, pues la tradición nos dice que la Iglesia siempre debe estar presente, alusión a la Virgen patrona de cada lugar. Naturalmente, en estos pueblos el personal tiene sus muchos años y a su Virgen que no se le toque; luego, el dichoso argumentario recomienda que se aluda a la belleza incomparable de nuestros paisajes, que en nuestro caso es ese cuadro marcado por el contraste del verde de las huertas con el morado de las lombardas y en el pueblo cercano son las puestas de sol desde el Cerro del Obispo. Lo tercero el problema concreto y más importante que tiene cada pueblo, que en nuestro caso lleva tantos años repitiéndose lógicamente como años lleva sin resolverse: el compromiso de una inmediata respuesta al problema del alcantarillado y los olores en el verano en nuestras calles y plazas. En Villafranca será poder hablar por teléfono sin dificultad desde cualquier lugar y no tener que subir al Cerro a esperar a que el Obispo haga algún milagro y consiga cobertura en el llano. (*PAUSA.*) No te enfades, Beatriz, pero por esta comarca seguro que sabes que os llaman...

BEATRIZ (*INTERRUMPIENDO.*) Sí, Mister Marshall.

LUCÍA Pues sí, por lo de visto y no visto...

BEATRIZ Ahora, querida maestra, ya veo que has pasado de la ironía al sarcasmo.

LUCÍA No lo tomes así, por favor, y te pido disculpas si tanto te ha molestado lo que he dicho. Pero no hago más que recordar lo que seguro tú bien sabes.

BEATRIZ Sí, como también sé que en el Carnaval de este año la canción ganadora ha sido un pasodoble con letra que me pregunto de quién puede ser. Creo que empieza más o menos...

SUSANA (*INTERRUMPIÉNDOLA.*)
Beatriz del alma y de las entretelas.
Queremos recordarte que ya hace años
hacías solemnemente una promesa:
que este pueblo dejaría de mal oler en el verano.
Ha pasado más de un lustro y ahí siguen los aromas.
Por eso, ya son historia la diputada y el alcantarillado.

LUCÍA Realmente, lo haya escrito quien la haya escrito, una joya de la literatura no es.

SUSANA Pero que responde a la realidad, no hay quien pueda negarlo. Y que tiene gracia, también.

BEATRIZ Conozco la cancioncilla y material tienen con ella los enemigos de fuera del mi Partido, pero a más de uno del mío también se la he oído cantar. Y no precisamente para lamentarse o condenarla.

SUSANA Beatriz, seguro que ha sido una de las primeras cosas que has aprendido y es que lo peor que puede pasar es tener los enemigos dentro de casa.

BEATRIZ Y los hay y no son pocos. Os lo aseguro.

LUCÍA Bueno, eso ya sabes, en los partidos políticos se llama confraternidad. Fina ironía, por calificarlo de alguna manera, no falta en ese mundo. Claro que también se escuchan frases más directas, incluso más descarnadas, como la de un compañero tuyo que ha declarado recientemente: "La vida política es con frecuencia una realidad casi caníbal."

BEATRIZ   Todos, Lucía, tenemos que pagar nuestro tributo por ser personajes públicos. Y, por supuesto, yo lo he asumido desde hace tiempo.

LUCÍA   Créeme, repito que lo siento. Pero, por otra parte, estás haciendo lo que querías y no todo el mundo puede decir eso.

BEATRIZ   Las dos cosas son verdad.

LUCÍA   Te conozco muy bien, Beatriz, y yo sabía que la política o algo parecido era el camino que ibas a seguir en tu vida. Y aprendiste muy pronto la frase "servir al pueblo", lo cual a mí me complacía y mucho. El problema es que esto fue solo al principio. A partir de un momento determinado, no sois una persona, sois un partido.

BEATRIZ   Así funcionan las cosas, Lucía. Y es lógico. Te debes a un partido, a una ideología, a un programa que presentaste a los ciudadanos y para llevarlo a cabo confiaron en ti y te dieron el voto.

LUCÍA   ¿Y qué has pensado de ti misma cuando has tenido que votar en contra de lo que realmente piensas, en contra de lo que te dicta tu conciencia? Porque esto sucede y ahí están las manifestaciones públicas de disconformidad de tantos representantes públicos, pero que luego no se llevan a cabo a la hora de apretar un botón. O peor aún y que tanto indigna a la gente: decir hoy muy seguros equis para recibir un aviso y a los dos días afirmar lo contrario...

BEATRIZ   Lucía, si estás de acuerdo con la línea de tu partido, eso puede suceder, pero no tan asiduamente como harían creer tus afirmaciones.

LUCÍA   Beatriz, más de una vez me has escuchado, ya de adultos, eso sí, que si algo hay de lo que esté yo convencida es de la manipulación a que nos tienen sometidos. Y también me has escuchado que los hilos fundamentales de esta manipulación no los manejas tú y ni siquiera los que están en la cúspide, pues esa función está asumida desde siempre...

BEATRIZ (*INTERRUMPIENDO.*) Por los del dinero. Ha sido siempre tu frase.

LUCÍA Efectivamente, pero no solo por los que lo tienen sino también por lo que aspiran a tenerlo y cuanto más pronto, mejor. Los escándalos económicos, la corrupción, en el mundo político ha sido en los últimos tiempos escandalosamente frecuente y ahí sí que te costaría poner sobre la mesa argumentos en contra. Acabamos de hablar de eso, pero sabes mejor que yo que la gente os ve en el Congreso de los diputados como peones manejados por unos cuantos y que son los que realmente mueven los hilos... A veces incluso con cierta carencia de escrúpulos, pero con un fin muy determinado, que es el de tener una tropa obediente y disciplinada.

BEATRIZ Creo que exageras y no poco, Lucía. Te puedo asegurar que yo no me veo como una recluta marcando el paso.

LUCÍA Pues si te sientes así, me alegro mucho por ti. Pero parece que no queréis salir a la calle y saber lo que realmente se dice en ella, que, por cierto, seamos sinceros, también se ha convertido en una tropa disciplinada y obediente. Y, como antes decía Susana, cuando no está muda, está dormida.

SUSANA O está muda precisamente porque está dormida.

BEATRIZ Sí, en una cosa te doy la razón, Lucía. No logramos explicar bien a los ciudadanos nuestro trabajo, el tiempo, prácticamente de la mañana a la noche, que estamos en el Salón de sesiones o en las salas de Comisiones, recibir a personalidades o diputados de otros países que pertenecen a nuestra área, escuchar a los que, y ya lo decíamos antes, nos llegan con sus problemas, atender a los periodistas, viajar a no pocos lugares, dependiendo de cuál es el puesto que ocupas...

LUCÍA Es cierto, pero en los momentos decisivos, en los momentos en que uno debe mostrar su individualidad, lo frecuente es tocar el botón de sí, no o abstención, siguiendo la orden que os han dado antes de entrar en el Salón o cuando ya estáis en él mirar con cuidado al encargado de dar la señal que indica el sentido del voto.

BEATRIZ Siento, Lucía, que no lleguemos a encontrarnos en nuestras conversaciones tanto como yo desearía. Y te aseguro que mi disgusto por todo lo que piensas de lo que represento es proporcional al respeto y a la admiración que te tengo.

LUCÍA Y que te agradezco. Y mucho.

BEATRIZ Y, por supuesto, el cariño.

LUCÍA Es verdad que puedo reconocer en ti, Beatriz, algo que quizás por deformación profesional siempre me ha preocupado, sobre todo en las personas que trabajan frente al público. Pero a ti, sin embargo, capacidad verbal te sobra a la hora de exponer y defender tus ideas y tu trabajo. Desparpajo no te faltó nunca y discursera sí que lo eras; te subías a una silla o a un banco en el patio y a lanzar la arenga del día.

BEATRIZ ¡Vaya, algo bueno tengo, por Dios!

SUSANA Y eres una mujer sincera y con una envidiable capacidad de trabajo, de eso no cabe duda. Que yo haga un retrato de lo que estimo es la situación de este país no merma en absoluto el reconocimiento a tu entrega y el respeto a tus ideas y al trabajo que desde ellas estás realizando.

BEATRIZ ¡Gracias, Susana! Dado el chorreo, se agradece de veras esto último.

LUCÍA Pero no me negarás que la mayoría de las sesiones del Congreso o del Senado, me da igual, deberían ponerse en las Escuelas de oratoria, en las Facultades de ciencia política o en esos Seminarios, que preparan para dirigirse al público, como testimonios de lo que no debe hacerse. El fin de eso consiste en captar la atención de quien te escucha para convencerle de aquello que dices. Y, fundamentalmente, no aburrirle. Por supuesto, que como mejor se logra es con una intervención rigurosa, pero también que tenga empatía, brillantez y, sobre todo, moralmente diáfana. (*SUBRAYA LA PALABRA "MORALMENTE".*)

SUSANA ¡Huy, mamá! Has empleado la palabra "moral"... Eso no tardando mucho será un arcaísmo por falta de práctica.

BEATRIZ ¿Creéis que no me avergüenzo a veces de lo que escucho e incluso veo?... No soporto el insulto y la falta de respeto e incluso, y me duele tanto decirlo, el odio que destilan algunas miradas y no pocas intervenciones. Y no me parece digno del lugar en el que estamos hasta ese infantilismo que aparece en no pocas ocasiones. Como dice uno de mis colegas, del insulto a la pataleta.

SUSANA Pues piensa que eso lo hemos estado escuchando y viendo adolescentes, jóvenes e incluso niños. Y que sigue sucediendo así. Y que lo que deberían ser actitudes a imitar se convierten en ejemplo de lo que hay que huir y, también en no pocas ocasiones, incluso despreciar.

BEATRIZ Muchas veces, cuando suceden en el Congreso esas escenas a las que aludes, Lucía, me he acordado de algo que nos decías continuamente: enfados, berrinches, discusiones, alguna palabra más alta que otra, sí, siempre que no sea la norma. Grosería, falta de respeto y mala educación, nunca.

LUCÍA Y lo sigo diciendo... Es que eso es elemental en cualquier lugar y en cualquier momento. Es algo tan simple, pero tan claro, como la propia palabra que lo define: convivencia.

BEATRIZ Como nunca te has callado, mientras has estado en este pueblo, de los escándalos, uno tras otro, con dinero por medio.

LUCÍA Que por desgracia están a la orden del día.

BEATRIZ No lo has recordado todavía, pero, como ves, me adelanto yo.

LUCÍA ¿Quién no está indignado y escandalizado por tanto ladrón, por tanto corrupto? Estén situados donde estén, por supuesto. Y por supuesto también sin que haya que hacer ninguna diferencia vaya el dinero donde vaya, al bolsillo del ladrón o al partido que lo utiliza ilegalmente.

SUSANA Es que a veces da asco.... ¿Hay algo más miserable que hacer dinero y dinero de la manera que se ha hecho con la enfermedad y con la muerte, como ha sucedido con el material sanitario, las mascarillas, los guantes, y todo lo relacionado con una tragedia como es la que nos ha tocado vivir estos últimos años?... Sabemos que la guerra hace millonarios, pero hemos vivido la misma miseria a costa de la enfermedad, el dolor, la muerte...

BEATRIZ   El mismo asco por esos canallas que tú sientes lo siento yo. Y lo proclamo cuando y donde surge el tema.

LUCÍA   En eso de la corrupción sé, porque te conozco muy bien, que puedes llevar la cabeza bien alta.

BEATRIZ   ¡Nos hace tanto daño toda esa gentuza!

LUCÍA   Y algún caso tenemos cerca, como uno de tus compañeros del Parlamento, que se viene los fines de semana a su casa en el campo y cobra los kilómetros y las dietas correspondientes. (Con cierta sorna.) Según él, viene a trabajar, a pulsar la sensibilidad de sus paisanos y participar de los problemas que humildemente reconoce a todos nos desbordan. (Toda esta última frase la ha pronunciado enfáticamente y acentúa especialmente la palabra "desbordan").

BEATRIZ   Sí, sé a quién te refieres y no me extraña que recalques esa palabra. Fíjate si la emplea con frecuencia que lo llamamos "El desbordao".

LUCÍA   No me extraña. Ese hombre a veces es una ridícula caricatura, lo cual es índice del nivel de no pocos caballeritos y damas que nos representan.

SUSANA   Pero yo creo que hace ese papel muy a sabiendas y lo que quiere es estar presente de cualquier manera. Que hablen de mí, aunque sea mal.

BEATRIZ   Lucía, Susana, entiendo que os molesten tantas cosas y muchas os aseguro que las comparto. Por mi parte, intento hacer mi trabajo lo mejor que sé y puedo.

LUCÍA Puedo asegurarte de que no tengo ninguna duda de ello. Todo estamos metidos en un sistema a veces diabólico. Y lo que es peor, y hoy aquí tienes las pruebas, inoperante.

BEATRIZ Esa es la impotencia que con frecuencia me consume. Luchar, luchar, hacer pasillos, hacer antesalas, que yo también las hago, para que en un momento determinado de esa batalla todo se venga abajo y tengas que volver al principio... O peor aún, olvidar el tema para siempre.

LUCÍA Hablas de inutilidad, de tiempo perdido... ¿Tú sabes la cantidad de cursos, cursillos, seminarios, que yo he hecho en mi vida? Charlas y charlas, teoría y teoría escuchada pacientemente, a veces sonándote más o menos lo mismo que la última vez que te sentaste disciplinadamente para recibir una lección, cinco lecciones, y que además sabes que poco o nada te van a ayudar. Conoces a esos niños y a esas niñas desde que nacieron y todas esas abstracciones, esas resoluciones de gabinete, pueden complementar, pero nunca serán la solución del problema. Cada niño es un mundo y abordarlo exige ir a la individualidad y las soluciones corales, de grupo, tenerlas quizás como base de partida y siempre con mucha precaución.

BEATRIZ Eso te lo he oído más de una vez y también más de una se lo he dicho a quien yo creía que tenía que oírlo. Como te he oído y en no pocas ocasiones hablar en voz bien alta de las Leyes de educación, que es cierto hemos perdido la cuenta de las que van...

LUCÍA   Ya sé que es un tópico hablar de ellas, pero como las consecuencias las sufrimos tan repetidamente, nuestra obligación es también repetidamente no guardar silencio. Beatriz, ¿por qué nos machacan, a todos, no solo a los enseñantes, pues los padres también sufren las consecuencias, con los cambios y las novedades de leyes de educación cada equis años? ¿Por qué tantas leyes, tantas normas, ordenanzas, disposiciones...? ¿Por qué no se ponen de acuerdo y que no haya una nueva Ley cuando llega al Gobierno cada partido? ¿Y sobre todo, por qué tenemos que aguantar en la enseñanza hasta el mesianismo de algunos en algo tan delicado como es formar, educar, a nuestros hijos?

BEATRIZ   Yo quiero seguir creyendo en la buena voluntad de los que se enfrentan a los problemas, sean del tipo que sean.

LUCÍA   Pues no es así. Y no seamos ingenuos. ¿Sabes cuáles son las asignaturas que primero caen o se replantean sus contenidos cuando se cambia una Ley de educación?... Pues la primera, la Filosofía. Y por una razón muy sencilla, pues nada es inocente. La Filosofía tiene como misión fundamental enseñar a pensar y eso es peligroso, siempre ha sido peligroso, para los que no quieren las libertades...

BEATRIZ   Ves todo muy negro, Lucía. Dicho así, al menos estarás conmigo en que suena muy categórico.

LUCÍA   Y la segunda asignatura es la Historia. ¿Y sabes por qué? Pues sencillamente porque es la que mejor se puede utilizar para el adoctrinamiento. Decía antes que somos una sociedad que está dormida, pero estoy absolutamente segura que la siguiente lo tiene aún peor, pues estará anestesiada.

BEATRIZ Yo sé que el día no es para tirar cohetes, pero exageras demasiado...

LUCÍA Beatriz, no es cuestión de emociones puntuales. Permíteme que te cuente un asunto personal, que nada tiene de puntual, que ha sido algo muy importante en mi vida y es ahora una de mis grandes frustraciones. Cuando acabé mi carrera en la Facultad inscribí el título de una tesis en torno, claro está, a la Enseñanza primaria. El tema era sugestivo y la profesora que firmó mi propuesta estaba casi más entusiasmada que yo en el Proyecto. Han pasado más de treinta años y por algún lugar de mi casa hay una carpeta con unos cuantos folios que iban a ser los primeros del primer capítulo. La ilusión llegó con muchas ganas y se fue cansada y aburrida. Y la culpable no he sido yo y mucho menos esa profesora que dejó de contactar conmigo hace años, dando por hecho que había tirado la toalla. Pero, fíjate, estoy segura que nunca pensó que lo había hecho voluntariamente, para no quitar horas al sueño, por perder el tren por razones metodológicas o por no estar al día de las publicaciones que iban apareciendo. Estoy segura, pues más de una vez le contaba mis cuitas, que bien sabe que el abandono se lo debo a quienes no han entendido y siguen sin entender qué es una Escuela y ser maestro.

BEATRIZ Sé cómo sientes todo eso, porque si hubiera algo por encima de una tesis doctoral, seguro que a cumplirlo también te hubieras dedicado. Pero creo que magnificas al mencionar esos problemas, esas limitaciones. No todo el mundo es testimonio de tu tesón, de tu entrega, y de las capacidades que nadie duda tienes.

LUCÍA Cuento lo que he vivido. Ni más ni menos.

BEATRIZ Por lo que se refiere a lo que mencionas de la tesis, siempre hemos favorecido la formación de los maestros y profesores y hemos fomentado su presencia en todos los foros y en sus deseos de ampliar su preparación. Y ejemplos puedo poner muchos y en diferentes campos...

LUCÍA No es verdad, Beatriz. Estímulos para hacer una tesis doctoral nunca los hemos tenido. Más aún, muchos de los que hubieran podido promocionarlo pensaban lo contrario, que para qué necesitaba ser doctor un maestro... Por supuesto, ni se me pasa por la cabeza mencionar el aspecto económico, pues siempre ha dado igual ser doctora o no. Esa no es la cuestión y para los que nos metíamos en ello era lo de menos. Lo realmente penoso es que como mérito valía igual tener una tesis doctoral que hacer un curso de tres días o una semana en cualquier universidad de verano o toda esa retahíla de seminarios de formación, que hemos tenido que hacer año tras año. Seminarios, por otra parte, para escuchar a colegas que habían dejado la enseñanza para dedicarse a la burocracia del Ministerio o de la Comunidad correspondiente. O peor aún, a pretendidos especialistas de materias y dedicaciones muy diversas, pero que de niños y enseñanza, créeme, saben muy poco.

BEATRIZ Lucía, nosotros hemos hecho incluso un gran esfuerzo dotando recursos. Jorge conoce muy bien los que había y ahora hay para ayudar en todas las propuestas que cumplan, claro está, los requisitos que se requieren. Él, seguro, corroboraría mis palabras.

SUSANA Por supuesto, Beatriz, claro que debe haber requisitos. Más aún, debe haber un estricto control a posteriori para comprobar que se cumplen, lo cual, aunque mi experiencia sea corta, te puedo asegurar no se lleva a cabo como debiera.

LUCÍA Y lo más importante y en la línea de lo que vengo diciendo, las convocatorias se hacen desde arriba, como es lógico, pero sería bueno consultar y tener en cuenta antes a los colectivos que pueden acceder a esos recursos.

BEATRIZ Lucía, bien sabes, hablando de tener en cuenta, que siempre hemos querido contar contigo en todo lo relacionado con la Educación de esta provincia. Y si no hemos establecido contacto en los últimos años es porque rechazaste durante no poco tiempo incluso puestos muy atractivos.

LUCÍA Eso es cierto y siempre estaré agradecida a que os acordarais de mí...

BEATRIZ Y lo hacíamos plenamente convencidos de la labor que podías hacer... Aparte, por supuesto, de lo mucho que tu saber y tu experiencia podrían haber aportado a todo lo que hay que hacer día a día en el terreno en el que te has movido toda tu vida.

LUCÍA Posiblemente, pero es que yo nunca he querido estar en un despacho sentada y eso por una sencilla razón: no servía para hacer un trabajo de ese tipo; muy al contrario, siempre me ha encantado mi profesión, que es, ni más ni menos, ser maestra, estar en la escuela, junto a los niños y niñas, ofrecerles mis conocimientos y cuando hace falta, como recordaba antes Mónica, limpiarles las lágrimas, los mocos o quitarles los piojos, que de todo ha habido y sigue habiendo.

BEATRIZ Pues la verdad es que bien nos hubieras venido. Por conocimientos y por experiencia.

LUCÍA Creo que lo que hoy ha sucedido reafirma mi decisión. No hubiera hecho bien mi trabajo donde me dices y al lado de una Delegada provincial de Educación, que el día que se cierra una Escuela es incapaz de acercarse a ese pueblo y envía a que dé la cara y pase un mal un rato uno de sus subordinados.

BEATRIZ En eso no puedo sino darte toda la razón.

LUCÍA Es cruel y hasta desvergonzado coger a un funcionario que de ti depende, un funcionario además como Jorge, disciplinado y educado, y mandarlo a que esté aquí como un pasmarote, haciendo un paripé que ni sabe hacerlo ni tampoco hay razón alguna para que sea continuamente el elegido para llevarlo a cabo. Las personas más prepotentes son las que mejor saben cómo hacer las más crueles humillaciones.

BEATRIZ Por eso, he venido yo.

LUCÍA Repito que te conozco bien y sabes la estima que te tengo y reconozco tu entusiasmo y las muchas horas que le echas a tus obligaciones. Más aún, con frecuencia has estado pendiente de las Escuelas de estos pueblos y has escuchado a los maestros y maestras que por aquí trabajamos.

BEATRIZ   Es cierto que dice muy poco de la sensibilidad de esa mujer que se haya quitado el problema de encima. Y, sobre todo, enviando a Jorge, que además de un excelente profesional ha demostrado en tantas ocasiones lo buenísima persona que es.

SUSANA   Eso es imperdonable, Beatriz. Y un acto de cobardía que una vez más la retrata.

LUCÍA   La verdad, lo que espero es que se decida mi nuevo destino con la mayor rapidez para seguir haciendo lo que me gusta. Estar sentada en una silla en la Delegación en expectativa de destino no me hace ninguna ilusión, aunque soy disciplinada y esperaré, porque así son las cosas administrativamente. Y no te digo nada si cada vez hay menos pueblos sin niños y por lo tanto no hacen falta ni escuelas ni maestros.

SUSANA   Yo sé, mamá, que vas a estar en casa o en un despacho como un mono enjaulado.

BEATRIZ RECORRE EL AULA, ACERCÁNDOSE TAMBIÉN A MIRAR POR LOS VENTANALES.

BEATRIZ   ¡Qué grabada tengo esta sala de clase! ¿Cuántos llegamos a ser?... ¿Veinte, veinticinco?

LUCÍA   En los mejores tiempos incluso alguno más...

SUSANA   ¡Felices tiempos aquellos en que había que hacer sitio para los nuevos pupitres!...

LUCÍA   Y la ocasión de continuar con la Escuela llena de vida la tuvimos con esa empresa de procesamiento de carne y todo lo que prometió. Pero, ¿sabes por qué eso no trajo consigo chavales y chavalas? Porque a las dos docenas de trabajadoras prefieren traerlas en autobús desde la ciudad, de la misma manera que a partir de ahora los niños de este pueblo tendrán que ir en autobús a otro lugar. Son todo mujeres, seis marroquíes, ocho ecuatorianas, tres guineanas, tres rumanas y tres españolas, tres indígenas como las llaman las demás y te puedes imaginar el por qué. Están ocho horas envasando filetes de pollos, pechugas de pollos, muslos de pollos, alas de pollos... Todo ello en una línea de trabajo con un ritmo endemoniado, siempre el mismo, a una velocidad que se hace difícil soportar después de llevar ya cinco o seis horas empacando. Eso es lo que cuentan, pero eso es lo que no cambia. ¿Y sabes lo que conocen de este pueblo? Solo la nave de la fábrica. Ni más ni menos. A la empresa le cedieron gratis los terrenos, hay acuerdos fiscales con la Comunidad y el Estado y todos esperábamos que fuera el primer motor para dinamizar no solo este pueblo sino toda la comarca. Pero las posibles veintitrés familias y los posibles veinte, treinta o cuarenta niños y niñas, que podrían llenar esta sala de clase, fueron una esperanza para este lugar y en eso se quedó.

SUSANA   Sí, un engaño más. Ni la nave sirve al pueblo ni ya tampoco tenemos el terreno sobre el que se asienta. Eso, sí, cada vez menos agua y cada vez más olores.

BEATRIZ   Lo sé y lo siento, por supuesto. Pero vuelvo a decirte que aquí nací, que esta es mi tierra y que voy a seguir trabajando por ella... (PAUSA.) Discúlpame, pero tengo que irme. (SACA DE SU BOLSO UNA TARJETA DE VISITA.) Toma, quiero que sigamos en contacto muy directo y aquí va mi teléfono personal. Puedes llamarme cuando lo desees y, por favor, dame un toque cuando sepas tu nuevo destino.

LUCÍA   Gracias y no te preocupes que así lo haré.

BEATRIZ   Y lo fundamental es que nuestro próximo encuentro será en circunstancias muy diferentes. Estoy segura.

LUCÍA   Bueno, será otro pueblo, otros niños, otras niñas... Pero, te puedo asegurar que, a pesar de todo, no me sentiré forastera donde vaya. (*SE DESPIDEN BESÁNDOSE.*)

SUSANA   Salgo contigo. Tengo que pasar por tu casa, mamá. Llevo aquí todo el día y no he visto a papá. Además tengo que recoger alguna ropa.

LUCÍA   Pues mira, ya que vas por allí, hazme un favor: encima de la mesa del comedor hay un sobre con dos cosas. Una de ellas es una novela de Ignacio Aldecoa y la otra la película Erase una vez en América. Son para Alfredo y Begoña. Se las llevas, si haces el favor. Con eso y con El Padrino ya tienen entretenimiento para todo el fin de semana.

SUSANA   Pero, ¿cuántas veces habéis visto El Padrino?

LUCÍA   Las que esa obra de arte merece. Y mira, no más que las veces que tú has visto con la abuela Lo que el viento se llevó. (*RÍEN LAS TRES.*)

BEATRIZ Y SUSANA SE DIRIGEN A LA PUERTA Y DESDE ALLÍ BEATRIZ SE VUELVE HACÍA LUCÍA CARIÑOSAMENTE, BUSCANDO UNA COMPLICIDAD EN EL PRESENTE A TRAVÉS DE UN PASADO YA LEJANO.

BEATRIZ   Adiós, Seño.

*LUCÍA LE DICE ADIÓS CON LA MANO,
SONRIENDO. DESPUÉS, VUELVE A LOS
CARTONES DESPLEGADOS Y COMIENZA A
HACER CAJAS, METIENDO EN ELLAS LOS LIBROS
Y LOS OBJETOS QUE HAY EN LAS ESTANTERÍAS.
DESPUÉS DE UNOS INSTANTES, LLAMAN A LA
PUERTA. ES CLAUDIO. POCOS AÑOS MAYOR
QUE LUCÍA. VISTE INFORMALMENTE. LUCÍA SE
ACERCA CON RAPIDEZ Y MUY ILUSIONADA A ÉL
Y SE BESAN EN LAS MEJILLAS.*

LUCÍA   ¡Claudio!

CLAUDIO   Hola, Lucía. ¿Recogiendo?

LUCÍA   Pues, sí, aquí estoy, metiendo en las cajas los libros, puzzles, los juegos, los cedés y demás cositas, que he ido comprando a lo largo de los años para los chavalillos y las chavalillas... Todavía queda por ahí alguna cosa que vino conmigo cuando me incorporé a esta Escuela. Son no pocos años y seguramente bastantes estarían ya mejor en un Museo....Tempus fugit, Claudio...

CLAUDIO   Día movidito, ¿verdad?

LUCÍA   ¡Y tanto! Pero, ha habido de todo. Ya te contaré, pues incluso hasta he echado alguna lagrimita, pero nacida de la alegría y de ver cuánta gente maravillosa tenemos alrededor

CLAUDIO   ¿De verdad que has llorado?

LUCÍA   Sí, sobre todo con un regalo que me ha hecho Lola y que ha sido tan entrañable... Ya sabes, es tan teatrera y tiene una imaginación y una positividad que, a pesar de lo que la vida le ha echado encima, estoy seguro que eso no lo va a perder nunca. ¡Por suerte para todos los que estamos cerca de ella sigue guardando alma de niña!

CLAUDIO La verdad es que esa suerte también se ha repetido teniéndola como alcaldesa. Ya sabes que yo no puedo decir lo mismo de mi Alcalde... (*PAUSA.*) ¿Me imagino que vinieron, por fin, las autoridades?

LUCÍA Sí, ha venido Beatriz, la diputada. De hecho, acaba de marchar. No sé cómo no te has cruzado con ella.

CLAUDIO ¿Y qué tal?

LUCÍA Haciendo su papel. Lo tiene bien aprendido y lo representa a la perfección. Dotes de actriz, no le faltan; el problema es que se le notan demasiado.

CLAUDIO ¿Y la señora Delegada?

LUCÍA ¡No, por Dios, qué cosas dices! A la señora Delegada de Educación, Cultura y Deporte de esta provincia no le gusta estar presente en este tipo de situaciones, que además no producen réditos. Los malos tragos que se los lleven los que están cerca de los problemas...

CLAUDIO Seguramente estará inaugurando algo, que eso sí que le gusta. Discursitos, aplausos y la consabida copa de vino español con las correspondientes aceitunas, tapitas de jamón, queso y tortilla de patatas... Y, sobre todo, que a las inauguraciones van la prensa y las cámaras...

LUCÍA Bueno, ya sabemos, genio y figura... Vino también Jorge, el de Gestión económica.

CLAUDIO ¡Menudo papelón el de ese hombre! Podría la señora repartir un poco este tipo de encomiendas, pues parece que siempre le tocan a él.

LUCÍA Bastante hace y bastante buena cara le pone en todas las situaciones, teniendo que aguantar estos "mandaos", como decimos por estas tierras...

CLAUDIO (*MIRA A LUCÍA DE FRENTE Y CON INTENSIDAD. SU TONO DE VOZ MUESTRA QUE ESTÁ MUY AFECTADO.*) Pues yo, a pesar de que realmente lo que deseaba era sin duda estar a tu lado esta tarde, he estado pensando mucho si me acercaba. (*PAUSA.*) No quería que te llevaras otro disgusto.

LUCÍA (*ASUSTADA.*) ¿Te pasa algo?

CLAUDIO Estoy, como tú, muy triste, pero también muy cabreado. Y no sé cuál de las dos cosas en mayor cantidad.

LUCÍA ¿Qué ha pasado?

CLAUDIO Pues la noticia que por teléfono te dije que tenía... Parece que han adelantado al Ayuntamiento lo que, por desgracia, tenía que llegar y es que han aprobado en Madrid el plan para hacer de ese pueblo, que ha sido mi casa durante tantos años, el complejo turístico que tanto nos temíamos. Me da la impresión de que están pensando en una nueva Marina d'Or, pero en este caso cambiando las playas por estas tierras pardas y sin mar y los naranjos por los olivos y las encinas. Claro que da igual, lo mismo cuesta cargarse unas cosas que las otras.

LUCÍA ¡Qué locura, por Dios!

CLAUDIO Lo que tantas veces hemos hablado... Estamos cerca de una gran ciudad y con algunas otras a no mucha distancia, las comunicaciones son buenas y ahora se lleva salir al campo, tener un huertecito de juguete y que los niños puedan ver y tocar animalitos y disfrutar de algunas atracciones que la mayor parte de las veces nada tienen que ver con el campo... Recuerda lo que te dije cuando se empezó a hablar de todo esto...

LUCÍA Que acabaríamos en un parque temático...

CLAUDIO Efectivamente. Y recuerdo muy bien la tarde en que lo comentamos por primera vez. Fue cuando nos enseñaron el proyecto, con aquella maqueta que exhibieron muy orgullosos en el salón del Ayuntamiento...

LUCÍA Se siente una un muñeco de feria al recordar aquellos momentos.

CLAUDIO Y los folletos de colorines, que más o menos anunciaban con las frases tópicas de siempre y que nos traían el maná para el renacer de estas tierras.

LUCÍA Pues, mira, lo que va a dejar todo eso...

CLAUDIO Ya somos dos caminando al destierro, querida Lucía.

LUCÍA O más exactamente al desguace...

CLAUDIO Vete acostumbrándote a no poder salir a hacer camino por estos campos, a madrugar pero no oler a la resina de la pinada, a sentir la fresca después de un día de bochorno... (*LA MIRA FIJAMENTE*). Y a tener lejos esas espigas y amapolas que han conformado buena parte de tu existencia. (*SARCÁSTICO*). Ahora, a pisar moqueta una temporada, que está claro es por lo que has estado luchando toda tu vida...

LUCÍA (*MIRÁNDOLE FIJAMENTE.*) Nuestras espigas y nuestras amapolas, Claudio. Y las margaritas blancas. Siempre hemos sido de flores humildes.

CLAUDIO Es cierto. Flores de surcos y cunetas. (*PAUSA. LA VOZ DE CLAUDIO SE ENTRECORTA POR UNA EMOCIÓN*

QUE QUIERE CONTROLAR SIN MUCHO ÉXITO.) Un día, desde esa veta que tienes de mujer positiva me dijiste que yo era un pesimista y que eso no era bueno. Yo te contesté que no era un pesimista, pero sí un escéptico. Hoy me gustaría no cambiar esa afirmación, pero reconozco que me resultaría muy, muy, difícil.

HAY UN SILENCIO EN EL CUAL LATE UNA PROFUNDA EMOCIÓN.

LUCÍA   He tenido una conversación con Susana y que sabía tenía que llegar algún día. Una conversación que quizás ha tardado demasiado. (*PAUSA.*) Ha sido sobre ti y sobre mí. Y ha sido ella quien ha sacado el tema.

CLAUDIO   ¿Te has disgustado?

LUCÍA   No, en absoluto. Todo lo contrario. Te dije ya hace mucho tiempo que seguramente era a mí a quien me correspondía tomar la iniciativa de esa charla.

CLAUDIO   Entonces, ¿ha ido todo bien?

LUCÍA   (*SUBRAYANDO LA PALABRA.*) Perfectamente.

CLAUDIO   ¿Y Susana?

LUCÍA   ¡Es una hija maravillosa!

CLAUDIO   De eso no cabe la más mínima duda.

LUCÍA   ¡Y una mujer estupenda!

CLAUDIO   Y muy inteligente. Y eso es, por supuesto, importante, pero más aún es que es sensible y es generosa.

LUCÍA   Te tiene afecto, Claudio. Y está muy agradecida por la actitud que siempre has tenido con ella. La delicadeza es algo que ya no vemos con frecuencia.

CLAUDIO Ha sido una obsesión para mí pensar que de una manera o de otra pudiera hacerle daño. O simplemente que sufriera por lo que estaba ocurriendo. En estos casos a menudo la mayor víctima es quien menos lo merece.

LUCÍA No tienes que preocuparte. Ni por lo ocurrido en el pasado ni por su presente. Has dicho antes que es sensible, pero también es fuerte. Siempre ha sido fuerte.

CLAUDIO (*DESPUÉS DE UNA PAUSA.*) ¿Quieres que hablemos tú y yo?

LUCÍA (*LO MIRA CON TERNURA.*) Hoy no es el día, Claudio. Todo esto ha sido demasiado. Y no quiero que lo que hablemos esté teñido de tanta tristeza. Y de tanta congoja. (*COGE LAS MANOS DE CLAUDIO Y LO MIRA FIJAMENTE.*) Pero sí que, por supuesto, quiero hablar contigo. Con calma. Y de cosas muy importantes y que esperan desde hace mucho tiempo. (*PAUSA. LUCÍA BESA A CLAUDIO CON TERNURA EN LA MEJILLA. LO MIRA A LOS OJOS Y LUEGO LO BESA EN LOS LABIOS*). ¿Nos vamos?

CLAUDIO Cuando tú quieras.

LUCÍA No puedo con este silencio...

LUCÍA COGE EL TELÉFONO MÓVIL, LA BOLSA Y LA PRENDA DE ABRIGO QUE DEJÓ AL LLEGAR Y METE EN LA BOLSA TODOS LOS OBJETOS QUE TENÍA EN LOS CAJONES. LOS DOS SE DIRIGEN HACIA LA PUERTA, PERO DESDE ELLA LUCÍA SE VUELVE, MIRA POR UNOS INSTANTES EL MAPA DE ESPAÑA, QUE ESTÁ COLGADO EN LA PARED, SE DIRIGE A ÉL Y LO DESCUELGA. LO ENROLLA LENTAMENTE, LO DEJA EN EL RINCÓN Y DESPUÉS DE UNOS SEGUNDOS SE

ACERCA A LOS VENTANALES Y MIRA HACIA EL PATIO DE LA ESCUELA. LUCÍA VUELVE A LA PUERTA DONDE ESPERA CLAUDIO. TODO ELLO CON NATURALIDAD, PERO LATIENDO EN LA HABITACIÓN UN AIRE DE CANSANCIO Y DESENCANTO. LUCÍA APAGA LA LUZ Y SALEN. EL RUIDO DE LA PUERTA AL CERRARSE DA PASO A LA ALGARABÍA, LA ALEGRÍA DE LOS NIÑOS, EN EL MISMO MOMENTO EN QUE SE HACE EL OSCURO. A TRAVÉS DE LOS VENTANALES SE DIBUJAN LAS RAMAS SIN HOJAS DE LOS ÁRBOLES. DESPUÉS DE UN BREVE PERIODO DE TIEMPO, EL MUNDO INFANTIL VA DESAPARECIENDO LENTAMENTE.

FIN

Céspedes con "e" Alberto Gálvez
El periplo vital de un transexual llamado Elena o Eleno de Céspedes en tiempos de rey Felipe II

Ese virus que no somos Asociación Los Glayus
Incluye guía didáctica

Switch Asociación Los Glayus
Proyecto transmedia

Modo Avión Miguel Ángel González
Encontrar o escapar

Doce Vidas Varios autores
Textos teatrales creados desde y para la Diferencia

Tullidos Manu Medina
Estrenado en Sala Tarambana de Madrid

No temáis, yo vencí al mundo Sergio Martínez Vila
Monólogo intenso, con un protagonista histórico: Carrero Blanco

Taxi Girl M. Velasco
Un texto explícito y poético a la vez

La Manada D. Dimeco
Un viaje a la carnalidad más primitiva y a uno de los mayores tabúes

Un vaso de whisky. Auto Buena muerte M. Muñoz Hidalgo
Monólogo para mujer (Trilingue). Auto Sacramental

Cuando llega la noche M. Muñoz Hidalgo
Isabel I de Castilla

El saber y la renuncia M. Muñoz Hidalgo
La vida de los Santos patronos europeos Cirilo y Metodio

Orikata C. Contreras
Los pliegos del ávida en un locutorio

Huellas en la piel Y. Marini y A. Cremades
La vida deja huellas difíciles de borrar

Quinta avenida esquina con qué Paul M. Viejo
Poesía hecha teatro

Edouard de Morón T. Lorente
Un cuento para adultos contra la guerra

Medicarte I. López
Una sala de espera y seis consultas

QuiXotada Légolas
El Quijote filtrado en clave de clown

Sainetes con la premisa de hacer mearse de risa J. Cedena
6 sainetes con toda una declaración de intenciones

Sainetes medicinales J. Cedena
5 sainetes que no curan pero ayudan

Como Cervantes J. Aranda
Obra de teatro con estudio de personajes

Más Teatro Canalla F. Martín Iniesta
Cinco piezas con un lenguaje muy particular

Estrellas y Luceros en su Nochebuena M. Muñoz
Auto de Navidad de Alfonso X el Sabio

Que Dios nos pille confesados Varios
Narraciones bíblicas representables

Cuando los paisajes de Cartier-Bresson J.P.Peyró
Obra de teatro con notas de gestión teatral

La única muerte de Marta Cincinnati A. Ballester
Obra de teatro con notas para ir al teatro

Pinocho C. Baldwin
Obra de teatro con cuaderno pedagógico

Naufragar en Internet J. Campos
Obra de teatro con ejercicios didácticos

Solo Goya A. Palerm
Obra de teatro con cartas autógrafas y un juego

Pasarela Edumoda K. Vío
Obra de teatro con guía didáctico-cómica

El Hacha A. Morcillo
Obra de teatro con juego de rol para la paz

La Saturna D. Miras
Obra de teatro con estudio dramatúrgico

Dos Pastiches de Juventud F. Nieva
Dos obras de teatro con figurines a color

Cosima C. Baldwin
Obra de teatro con cuaderno pedagógico

El Cascabel al Gato L. Ortiz

eTEATRO
Colección ebook de textos teatrales

El desacuerdo de la memoria Sonia Madrid
Tragicomedia. Teatro del absurdo

Zapatos Will Smile
El final es dramático e impactante

El tren de las trece (y trece) Antonio Mauriz
Te embauca, te sumerge en otra realidad

La Herencia Guadalupe Pardo
La libertad femenina

Cosecha del 53 Inmaculada Lorenzana
Humor culto, inteligente y refinado

Sonrisas y Mujeres Miguel A. Orosa
Construcción estética en los entresijos del caos narrado

Inka Wasi Miguel A. Orosa
Preocupaciones diarias, miedos, las mayores preguntas

La prima de riesgo volvió a subir Pablo Úrbez
Drama satírico, crítico y moralizador

Cinco horas con Amancio Antonio Gª-Catalán
Nadie es lo que parece

El pueblo Santiago Bellizón
Qué vacío, qué solitario... se queda todo

Confesiones antes del fin ... Alberto García
Obras de microteatro

El congelador Juan Montenegro
Comedia fría en tres actos

El guapo Mariano García Arzoz
Las casualidades no dejan de ocurrir

Nubes esponjosas Raúl Muñoz
Drama poético. La identidad

Melania Sonia Madrid
Las casualidades no dejan de ocurrir

Dios en la niebla Natalia De la Llana
Dios ¿sigue ahí?

Terapia de choque Eva Redondo
Lo traslúcido y lo opaco

Bengalas para Sara Clarisa Leal
Efímera como la vida

GRAN FORMATO
Recopilaciones de textos

J. Brossa **Teatro Brossa**
J. Brossa **Posteatro**
Erik Leyton et al **Marqués de Bradomín 2003**
J. Busto et al **Marqués de Bradomín 2002**
P. Campos et al **Marqués de Bradomín 2001**
G. M. Morales et al **Marqués de Bradomín 2000**

eTEATRO
Literatura infantil digital

Grullas de Mil Colores Valeria Arredondo
Juego a través de emociones y sentimientos

Teatrillo Pillo V.1 Yolanda Fuentes
Textos cortos, sencillos y divertidos

Teatrillo Pillo V.2 Yolanda Fuentes
Textos con una temática muy amplia y variada

www.naque●es

LIBRETOS DE MANO
Texto completo y fichas técnicas de la obra en cartel

Ñaque o de piojos y actores J. S. Sinisterra
Cada persona es un mundo A. Cremades
Ecos y Silencios Premios Bradomín
Zona Cero Varios
Extinción I. Ramírez de Haro
El día de autos J. Busto
Chamaco A. González Melo
(No son todos ruiseñores) Y. Pallín
Titus Andronicus F. Urdiales
Calderón, ¿Enamorado? J. M. Ruano
Calderón, los clásicos y el flamenco Varios
La fuerza lastimosa Y. Pallín
El mayor hechizo, amor F. Urdiales
Dos amigos de Verona C. Marchena
El Alcalde de Zalamea Calderón de la Barca

AUTORES
Ediciones especiales de autores especiales

Tres monólogs y variaciones J. Sanchis Sinisterra
Más Teatro Casi Completo
La calle del infierno A. Onetti
Con cinco piezas más
Deja el amor de lado J. Sanchis Sinisterra
I Vol. del Teatro Casi Completo
Kafka en escena J. Sanchis Sinisterra
'Teatralidad' en un teatro narrativo
Trilogía de la memoria Antonio Travieso
Es la memoria de muchos que son una

TXTO
De venta exclusiva en libreriadeteatro

M. García Arzoz. **Teatro escogido**
Todos interpretamos, nos negamos a sabernos
.. Boronat. **Este no es un lugar adecuado para morir**
La mirada de los otros, de los demás
B. Cano. **Las Furias de Electra**
Es Electra después de Electra
O. Mínguez Pastor. **Lo que el tiempo nunca curó**
Dolor, silencios, represión, locura
S. Madrid. **Contratiempoymarea • Waltus**
Plácido y Domingo a la espera de su cita más importante
J. P. Carrasco. **El vendedor de balsas**
Siempre han existido balsas, éxodos y exilios
B. Cano. **Medea versión Beatriz Cano**
Relectura del clásico de Eurípides
S. Sampedro. **Cecina de Poni**
Desconcertante drama cómico sobre el desconcierto
S. Portela. **En estado de espera**
La exploración ética del aborto
N. de la Llana. **Dios en la niebla**
Un personaje fáustico perdido en la niebla unamuniana
O. Mínguez Pastor. **El atardecer de cristal**
La Humanidad cometió atrocidades
V. García Campo. **Luz Difusa**
La vida transforma a las personas
V. García Campo. **El Cuaderno de Elisa**
Vivir: un cruce de decisiones
J. Soto Viñolo y C. Lloret. **La Hipoteca de nuestra vida**
Crisi, hipotecas y las ilusiones que las precedieron
M. Galindo Abellán. **Malas. Una de dos**
Sea piadoso con su sentencia hacia estas *Malas* mujeres

COLECCIONES

Adolescer Varios autores

13 textos teatrales · 13 géneros teatrales · 13 de los mejores dramaturgos

OBRAS
Textos inéditos selectos

J. Sanchis Sinisterra **Monsieur Goya (Una indagación)**
¿Podría ser este el dibujo de una incertidumbre?
J. Sanchis Sinisterra **El lugar donde rezan las putas**
Para que lo dicho sea
E. Redondo **Ruta 99**
El teatro es juego y lupa para entendernos un poco mejor
J. Sanchis Sinisterra **Sueños y visiones del Rey Ricardo III**
Qué pasó la noche anterior a la batalla
J.M. Corredoira **Diferencias sobre la muerte**
Tres diferencias
A. Travieso **Hamlet está dormido**
El tiempo. El caos interior
B.Ortiz de Gondra **El barbero de Picasso**
Exilio y amistad
J. Alonso de Santos **Un hombre de suerte**
Un actor retirado cumpliendo una promesa
J. Sanchis Sinisterra **Flechas del ángel del olvido**
Mayra, Veronica, Margarita, Celia... X
F. Cabal **Tejas Verdes**
7 mujeres. Una mujer. 7 historias. Una historia
P. Pedrero **Beso a beso**
Besos de mujer. Los cuentas ellas solas o en pareja.
I. Amestoy **De Jerusalén a Jericó**
Paula. ¿Dónde está la normalidad?
J. Mira **Asalto de cama**
Premio Tricicle de teatro de Humor
J. Alonso de Santos **Yo Claudio**
Clau-Clau-Claudio. Todo el mundo se ríe de ti.
S. Belbel **Forasteros**
Siempre piensan en sus familiares, los vivos y los muertos
J. Sanchis Sinisterra **Teatro menor**
Vacío. Pervertimento. Mísero prospero. Otras poquedades...
A. Álamo **Cantando bajo las balas**
El primer acto franquista después de la guerra contado por...
L. Cunillé **Aquel aire infinito**
Un Ulises contemporáneo frente a frente a Electra, Fedra, Medea y Antígona
R. Mendizábal **Crímenes horrendos**
El exceso procura aquí una carcajada amarga
A.Onetti **Madre Caballo**
Una realidad social, tragedia para muchos andaluces
J.H. Fernández, L.M. González y A. Solo **30º de frío**
Conocí a un hombre desmedido. El creyó mover el mundo con sus manos
D. Facal **La pesadilla de Kepler**
Yo flotaba en el espacio. El universo seguía las leyes de Kepler
B. Ortiz de Gondra **Miguel de Molina**
El final del cantaor de copla
D. Facal **Obras incompletas (2003-2008)**
Morfología de la soledad. Kellogg's Politik. Madrid laberinto XXI
Ron Lalá **Mundo y final**
Un libro disco de un espectáculo musical hilarante
M. Muñoz Hidalgo **Desbandada**
Obra multilingüe sobre el poeta Miguel Hernández, y dos textos más
F. J. López **Cuando fuimos dos**
Una pareja. Lo difícil que es ser uno cuando se es dos
B. Ortiz de Gondra **Duda Razonable**
Un drama policiaco sin policías
T. Motos **Sylvia, leona de Dios**
Más allá de los límites del convencionalismo